Die Transsibirische Eisenbahn

KOMET

Gesamtherstellung: KOMET Verlag GmbH, Köln

Reiseerzählung: Kathleen Hahnemann
Kapitel Geschichte: Jürgen Braun
Reisetipps: Doris Knop
Kurzbeiträge: Jürgen Braun, Peter Eichenberger, Marianne Hartan, Daniel B. Peterlunger, Dr. Ulrich Schliewen, Christian Sepp
Umschlagfotos: Peter Eichenberger, Doris Knop
Idee, Konzept, Satz: bookwise Medienproduktion GmbH, München

www.komet-verlag.de

ISBN: 978-3-89836-703-5

Kathleen Hahnemann

Die Transsibirische Eisenbahn

Herausgegeben von Jürgen Braun

Mitarbeit Doris Knop

ВЛ10-1406
ВЛ10-1406

INHALT

VORWORT

Reisen ist mehr als Urlaub, ebenso wie die Transsibirische Eisenbahn mehr ist als die Strecke zwischen einem Anfangs- und einem Endpunkt. Der Westen ist entdeckt, erobert und besiedelt. Der Osten dagegen hat nichts von seiner Unergründlichkeit verloren. Reisen auf der Transsibirischen Strecke bedeutet den Aufbruch aus der Heimat in eine neue Richtung und ist seit einem Jahrhundert der Inbegriff für das »Abenteuer Eisenbahn«, daran hat sich seit Jules Verne wenig geändert.

Einst war die Transsib die materialisierte Hoffnung des russischen Volkes auf mehr als nur einen geografischen Zusammenhalt des Riesenreiches. Bis heute ist sie der zivilisatorische Strang Sibiriens geblieben, eine Lebenslinie durch die schier endlosen Weiten des russischen Ostens und der Mongolei.

Bei der Entwicklung dieses Buches waren sich alle Beteiligten einig, dass es weniger ein Buch über die russische Eisenbahn werden sollte als vielmehr eine Momentaufnahme der Menschen, denen man unterwegs begegnet – im Zug, auf den Bahnhöfen, in den Städten und auf dem Land. Die Konfrontation mit ihren Träumen, Lebensentwürfen, Hoffnungen und Unzulänglichkeiten in einer Zeit der großen Veränderungen führt uns dorthin, wo jede Reise enden sollte – zu uns selbst.

Ein ausführlicher Teil über die Geschichte dieses Jahrhundert-Projekts sowie wertvolle praktische Tipps für die Vorbereitung und Durchführung einer Transsib-Reise runden das Werk ab.

»Moskau ist weit«, sagt man in Sibirien. Am Ende dieser Lesereise werden Sie verstehen, was damit gemeint ist – weit mehr als die zurückgelegte Entfernung.

Gegenüber:
Transsib-Reisende sorgen für Durchblick.

Die GESCHICHTE der längsten Eisenbahnlinie der Welt

Blinder Text

zum PAZIFIK

DIE KLASSISCHE LINIE

1891–1903

Die Ausgangslage

Die Idee, einen Schienenstrang durch Sibirien zu legen, geht auf den Grafen Murawjew-Amurski zurück, den Gouverneur von Ostsibirien in den Jahren 1847 bis 1861. 1857 beauftragte er einen seiner Stabsoffiziere, einen Schienenstrang zu erkunden, der den Amur unter Umgehung der Mündung direkt mit dem Japanischen Meer im Süden verbindet. Das Projekt scheiterte letztlich am Desinteresse des Zaren, dem eine Bahnlinie ausgerechnet in der entlegensten Provinz seines Reiches wenig sinnvoll erschien. Doch ist Murawjew-Amurskis Initiative insofern bedeutsam, als sie am Anfang einer ganzen Reihe weiterer Initiativen steht, die Ehrgeizigeres im Sinne haben: eine Eisenbahnlinie von Europa zum Pazifischen Ozean.

Andernorts hatte die Eisenbahn ihren Siegeszug längst begonnen. 1869 war es den Amerikanern gelungen, die Schienenstränge der *Central Pacific* und *Union Pacific* zu vereinen und damit die Vereinigten Staaten von Amerika auch geografisch Wirklichkeit werden zu lassen – ein Ereignis von weltweiter Medienwirksamkeit, das auch in St. Petersburg neidisch beäugt wurde. Die Metropolen und Industriestandorte Europas waren in der zweiten Hälfte des 19. Jahrhunderts längst mittels eines dichten Schienennetzes enger zusammengewachsen und sogar in den britischen Kolonien in Indien und Afrika waren tausende Kilometer Schienen verlegt worden. Zar Nikolaus I. hingegen musste sich mit einer einzigen Bahnverbindung zwischen St. Petersburg und Moskau bescheiden.

Doch war die Idee einer Transsibirischen Strecke beileibe kein schieres Prestigeobjekt: Zum Ehrgeiz der Ingenieure und der von nationalem Pathos durchdrungenen Begehrlichkeit der russischen Eliten gesellte sich die Notwendigkeit, Kommunikation und Warenverkehr eines Riesenreiches zu beschleunigen. Russland drohte den Anschluss an das westliche Europa und die USA zu verlieren, wenn es weiterhin auf berittene Boten, Pferdefuhrwerke und einfache Lastkähne setzte – und das in einem Land mit einer West-Ost-Ausdehnung über nicht weniger als 110 Längengrade. Um die Befehle des Zaren ins sibirische Irkutsk zu bringen, benötigte ein Kurier im besten Fall drei Wochen. Bis er das 3000 Kilometer weiter entfernte Wladiwostok erreichte, ab 1872 Russlands wichtigster Militärstützpunkt im Osten, dürften weitere drei Wochen vergangen sein – im besten Falle, wohlgemerkt. Bei Temperaturen unter –50 °C im Winter, sintflutartigem Regen im Sommer, oder wenn im Frühjahr knietiefer Matsch das Vorwärtskommen praktisch

1857 Graf Murawjew-Amurski regt den Bau eines Schienenstrangs vom Amur zum Japanischen Meer an.

1878 Inbetriebnahme der Uralbahn, die später in die Transsibirische Streckenführung integriert wird.

1890 Sergej Witte wird zum Verkehrsminister ernannt und treibt das Transsib-Projekt voran.

1891 Der erste Spatenstich durch den Zarewitsch in Wladiwostok leitet den Bau der Ussurilinie ein.

unmöglich machte, konnte sich die Reisezeit leicht verdoppeln – wenn der Kurier sein Ziel überhaupt erreichte.

Hinzu kam, dass sich die Ausbeutung der Schätze Sibiriens bis weit ins 19. Jahrhundert hinein vorwiegend auf den Handel mit Pelzen beschränkte. Die Gewinne aus dem Pelzhandel machten zur Mitte des Jahrhunderts fast ein Drittel der russischen Staatseinnahmen aus, doch vermutete man – völlig zurecht –, dass aus der sibirischen Erde mehr zu holen sei. Indes fehlte es an Möglichkeiten, dieser Schätze habhaft zu werden und sie zu den Märkten im Westen zu transportieren. Zahlen liegen beispielsweise für die rund 1 500 Kilometer lange Strecke zwischen Tomsk und Irkutsk vor: Für den Transport von 64 000 Tonnen Güter waren jährlich 16 000 Kutscher mit 80 000 Pferden im Einsatz. Mit anderen Worten: Um die Regierbarkeit und das Wohlergehen Russlands sicherzustellen, waren umfangreiche Investitionen in die Infrastruktur unausweichlich geworden.

Vorhergehende Doppelseite: Lokomotive der Serie E, die ehemals am weitesten verbreitete Güterzuglok.

Wunderwerk der modernen Zeit

Doch noch war es nicht so weit. Die 1860er- bis 1880er-Jahre waren zwar in planerischer Hinsicht eine Periode reger Betriebsamkeit, jedoch mangelte es der Regierung eindeutig an Tatkraft. Ein Projekt jagte das andere, manch hoffnungsvoller Entwurf wurde totgeredet, der nächste scheiterte an der Finanzierbarkeit und viele Vorschläge entpuppten sich bei näherer Betrachtung als blanker Unsinn. Ausländische Ingenieure wurden zu Rate gezogen (oder drängten sich von selbst auf) und in den Städten Sibiriens formierten sich Eisenbahnkomitees, die die Planer der Zentralregierung von der einen oder anderen Streckenführung überzeugen wollten. Zwar wurden einige Teilstrecken östlich des Urals realisiert, doch erst als Graf Sergej Witte (1949–1915) als Verkehrs- und schließlich Finanzminister das Heft in die Hand nahm, rückte der Baubeginn in greifbare Nähe. Seinem Geschick als Finanzplaner und Unterhändler und seiner Entschlossenheit ist es zu verdanken, dass Zar Alexander III. das Jahrhundertprojekt schließlich in die Tat umsetzt. Den symbolischen ersten Spatenstich vollzieht Erbprinz Nikolaus Alexandrowitsch am 31. Mai 1891 im fernen Wladiwostok. Im Folgejahr wird der Zarewitsch gar zum Präsidenten des »Komitees für die Transsibirische Bahn«, dem die Oberhoheit über die Baumaßnahmen übertragen wird, ernannt – auch dies ein Indiz dafür, welche Bedeutung man der längsten Bahnlinie der Welt im zaristischen Russland beimaß. Die Sibirische Bahn, so verkündete der Zar voller Stolz, solle ein »Wunderwerk der modernen Zeit« werden.

Graf Sergej Witte (1849–1915), 1890 Verkehrsminister und ab 1892 Finanzminister des Zaren, wurde später Diplomat. Nach dem Russisch-Japanischen Krieg vertrat er die russische Delegation bei den Friedensverhandlungen von Portsmouth.

1892 Sergej Witte übernimmt das Amt des Finanzministers.

1892–1896 Bau des westlichen Streckenabschnitts bis zum Ob, Chefingenieur Konstantin Michailiwskij.

1892–1896 Bau der Transbaikallinie, Chefingenieur Alexander Puschetschnikow.

1893 Zarewitsch Nikolaus Alexandrowitsch wird Präsident des »Komitees für die Transsibirische Eisenbahn«.

Der Welt grösste Baustelle

Die Planungen sehen sechs Sektoren vor, die sich aufeinander zubewegen sollen: westlicher Streckenteil, zentraler Streckenteil, Baikalumfahrung, Transbaikallinie, Amurlinie und Ussurilinie. Um die Arbeiten von Beginn an zu beschleunigen, kommt man im Komitee überein, die technischen Anforderungen teilweise zu vereinfachen. Schmalere Bahnkörper, größere Steigungen, kleinere Kurvenradien und leichtere Schienen werden zugelassen – der Zeitplan sieht vor, dass die transkontinentale Verbindung bis 1901 fertig gestellt sein soll. Darüber hinaus erleichtern zahlreiche administrative, vom Zaren per Erlass verabschiedete Eingriffe, die Bauarbeiten, darunter die Enteignung von Grundstücken, die dem Trassenbau dienen. Um den Bedarf an Arbeitskräften zu decken, die in den fast menschenleeren Weiten Sibiriens kaum vorhanden sind, räumt man Gefängnisse und Straflager und setzt die Insassen im Bahnbau ein. Und obwohl es beschlossene Sache ist, »das große nationale Werk« durch Russen und mit russischen Materialien zu erbauen, kom-

Arbeiten an der Transsibirischen Eisenbahn 1892.

1894 Tod Alexanders III., Nikolaus II. wird Zar.

1896 Oktober: Auf dem westlichen Abschnitt wird der Betrieb bis zum Ob aufgenommen.

1886–1900 Die Strecke von Irkutsk nach Baikal wird gebaut, Chefingenieur Alexander Puschetschnikow.

1897 Der Bau der Amurlinie wird zugunsten der Ostchinesischen Bahn durch die Mandschurei auf unbestimmte Zeit verschoben.

men auch Saisonarbeiter aus China und Korea zum Einsatz. Der Einsatz an Arbeitskräften ist enorm und übertrifft jenen beim Bau der Pyramiden in Ägypten um Längen: Im Jahr 1895 sind insgesamt fast 30 000 Arbeiter im Einsatz.

Die topografischen, geologischen und klimatischen Bedingungen Sibiriens stellen die Arbeiten vor große Herausforderungen. Im westlichen und zentralen Sektor müssen Sümpfe trockengelegt, Urwälder gerodet, die mächtigsten Ströme der Erde überbrückt und Gebirge bezwungen oder durch Tunnel unterhöhlt werden. Im Winter erschweren Temperaturen von –50 °C die Arbeiten und bisweilen ist der Boden bis in den Juli hinein gefroren, sodass das Zeitfenster für die Errichtung der Bahndämme auf einige wenige Monate zusammenschmilzt. Die Arbeiten im westlichen und zentralen Abschnitt, wo bereits bestehende Teilstrecken in den Transsibirischen Streckenverlauf intergriert werden können, kommen gut voran. Zahlreiche Brücken werden zunächst provisorisch aus Holz errichtet, sie sollen später durch dauerhafte Bauwerke aus Eisen und Stein ersetzt werden. Bereits 1894 kann die Strecke nach Omsk eröffnet werden, im Folgejahr reichen die Schienen bis zum Ob. Der erste reguläre Zug erreicht Irkutsk im Januar 1899, damit ist auch der zentrale Abschnitt vollendet. Die Fertigstellung der beiden ersten Abschnitte hat alles in allem über 100 Millionen Rubel veschlungen. Doch die größten Herausforderungen stehen im weit entfernten Osten noch bevor.

Zar Alexander III. (1845–1894). Während seiner Regierungszeit (1883–1894) entstand im Zuge der Industrialisierung in Russland eine städtische Arbeiterklasse, die für sozialistische Propaganda empfänglich war.

Das Hindernis Baikalsee

Wittes Pläne sehen vor, das Hindernis Baikalsee zunächst mittels einer Fähre zu überqueren. Den Zuschlag für den Bau von zwei Eisbrecher-Fähren erhält 1895 die britische Firma Armstrong in Newcastle. Die Bauteile gelangen über St. Petersburg und Krasnojarsk nach Irkutsk, wo sie von russischen Monteuren unter englischer Aufsicht zusammengebaut werden. Im April 1900 nimmt die erste Fähre, die *Baikal,* ihren Dienst auf, im August desselben Jahres folgt die kleinere, für den Personenverkehr konzipierte *Angara.* Während der drei Monate, in denen eine mehrere Meter dicke Eisschicht den See bedeckt, sollte der Schienenstrang direkt auf der Eisdecke verlegt werden. Bis auf eine Ausnahme erfolgte der Transport über den gefrorenen See jedoch per Schlitten.

Parallel gibt Witte Studien für eine Trasse – die Zirkumbaikallinie – in Auftrag, die den See umrunden und an die Transbaikallinie anschließen soll. Konkrete Ergebnisse liegen 1899 vor. Man entscheidet sich für eine Streckenführung, die dem südlichen Ufer folgt;

1897 Einweihung der Ussurilinie von Wladiwostok nach Chabarowsk.

1898 Der Abschnitt Krasnojarsk–Irkutsk wird seiner Bestimmung übergeben.

1899–1904 Pjetsow und Sawrimowitsch bauen die schwierige südliche Umfahrung des Baikalsees.

1900 Die Transsibirische Eisenbahn ist eine Hauptattraktion auf der Pariser Weltausstellung.

Der in Newcastle gefertigte und in Irkutsk zusammengeschweißte Eisbrecher *Baikal* konnte 25 vollbeladene Güterwagen aufnehmen.

hier ist der Fels durch Erosion am brüchigsten, das Bohren von Tunnels mithin leichter durchführbar. Außerdem riskiert man nicht, auf Wasseradern oder Permafrostzonen zu stoßen. Dennoch gestalten sich die Arbeiten äußerst mühsam. Alleine auf den ersten 89 Kilometern zwischen Baikal und Kultuk müssen 33 Tunnel in das unwegsame und völlig unerschlossene Terrain gesprengt werden. Der See kann nur unter günstigen Wetterverhältnissen als Transportweg für Material genutzt werden, was die Arbeiten zusätzlich verzögert. Die Kosten pro Kilometer Schienenstrang werden sich schließlich auf annähernd 200 000 Rubel belaufen, fast das Vierfache der Kosten der bisherigen Abschnitte. Aus all diesen Gründen konnte die Strecke erst 1905 eröffnet werden.

Mit dem Ausbruch des Russisch-Japanischen Krieges kommt der Zirkumbaikallinie zusätzliche strategische Bedeutung zu. Die Militärs brauchen die Strecke, um die Anzahl der Truppenzüge gen Osten zu vergrößern, und können nicht auf ihre Fertigstellung warten. In Ermangelung von Alternativen ordnet der Verkehrsminister an, Schienen über den zugefrorenen See zu verlegen, und so erreichen binnen vier Wochen im Februar und März 1904 2 340 Waggons und 65 Lokomotiven das östliche Seeufer. Allerdings mussten die Lokomotiven zerlegt und ebenso wie die Waggons von Pferden über das Eis gezogen werden. Unbekannt ist, wie viele Lokomotiven und Waggons in den eisigen Tiefen des Sees versanken.

1900 Inbetriebnahme des gesamten östlichen Abschnitts

1900 Fertigstellung der Linie Irkutsk – Baikal. Die *Baikal* und die *Angara* nehmen den Fährverkehr über den See auf.

1903 Über die Mandschurei erreichen Reisende regulär Wladiwostok.

1904–1905 Während des Russisch-Japanischen Krieges erlangt die Transsib große strategische Bedeutung.

Die Transbaikallinie: Sieg der Technik über die Natur

Die Arbeiten an diesem 1 104 Kilometer langen Abschnitt werden 1895 aufgenommen und kommen trotz der schwierigen Bedingungen gut voran. Der Permafrostboden taut hier auch während des kurzen Sommers nur bis in zwei Meter Tiefe auf, sodass für Erdbewegungen immer wieder Dynamit eingesetzt werden muss. Abgesehen von Holz und Steinen müssen sämtliche Baumaterialien aus dem Westen des Reichs herangeschafft werden, der Großteil davon nimmt den unglaublich langen Weg über Odessa und den Suezkanal nach Wladiwostok und weiter über die (bereits 1896 fertig gestellte) Ussurilinie und den Amur hinauf nach Sretensk und Tschilka.

Im Frühjahr 1897 macht eine fürchterliche Überschwemmung die Hoffnung der für 1898 geplanten Fertigstellung binnen weniger Tage zunichte. Hunderte Kilometer Strecke werden unterspült, Dämme bersten und die Wassermassen reißen insgesamt 15 Brücken weg. Da die Überschwemmung einen Großteil der Ernte vernichtet, spitzt sich auch die Versorgungslage der Arbeiter zu. Eine unmittelbar nach der Katastrophe ausbrechende Milzbrand-Epidemie tut ein Übriges, um die Moral der Arbeiter und Ingenieure vollends zu untergraben. Dennoch sind im Januar 1898 die Schäden beseitigt und 115 Kilometer Schienen neu verlegt. In der Mitte des Jahres 1900 kann die Strecke Tschita–Sretensk eröffnet werden.

Demgegenüber gestaltet sich der Bau der Ussurilinie, des finalen Streckenabschnitts ganz im Osten, vergleichweise einfach. Vom erwähnten ersten Spatenstich durch den Zarewitsch in Wladiwostok 1891 vergehen nur sechs Jahre, bis die 769 Kilometer lange Strecke bis Chabarowsk ihrer Bestimmung übergeben werden kann.

Erheblich schlechter ergeht es dem noch fehlenden Verbindungsstück zwischen Transbaikal- und Ussurilinie, der Strecke am Amur. Sie soll entlang dem gleichnamigen Fluss

Anzeige aus dem Reichskursbuch von 1914.

Anzeigen

Expreßverkehr über

SIBIRIEN

SIBIRISCHE SCHNELLZÜGE:

Von **Moskau** nach **Wladiwoſtok** jeden **Sonnabend** (Zug der ruſſiſchen Staatsbahnen) und **Mittwoch** (Zug der Int. Schlafwag.). Von Wladiwoſtok nach Moskau jeden Sonntag (Zug der ruſſiſchen Staatsbahnen) und Mittwoch (Zug der Int. Schlafwag.). Von **St. Petersburg** nach **Irkutsk** jeden Dienstag und Freitag. Von **St. Petersburg** nach **Wladiwoſtok** jeden Dienstag und Freitag. Von Wladiwoſtok nach St. Petersburg jeden Donnerstag. **Schlafwagen** 1. und 2. Klaſſe.

Beförderungszeit 9 Tage.

Von Berlin	Ab	An	Nach Berlin	Ab	An
Berlin (Friedrichſtraße)–St. Petersburg über Wirballen	7.32	10.30	Wladiwoſtok–St. Petersburg über Wjatka	1.35	10.35
Berlin (Friedrichſtraße)–Moskau über Alexandrowo	7.32	8.25	Wladiwoſtok-Moskau	1.35	6.40
St. Petersburg–Wladiwoſtok über Wjatka	8.35	12.35	St. Petersburg–Berlin über Wirballen	8.00	10.53
Moskau–Wladiwoſtok	11.30	12.35	Moskau–Berlin über Alexandrowo	10.15	10.53

Dampfer (Ruſſ. Freiwillige Flotte): von Wladiwoſtok jeden Freitag und Sonnabend, Ankunft in Tſuruga Sonntags und Montags; von Tſuruga Abfahrt Montags und Dienstags, Ankunft in Wladiwoſtok Mittwochs und Donnerstags; von Wladiwoſtok Abfahrt Sonnabends, Ankunft in Nagaſaki Montags und in Schanghai Mittwochs; Abfahrt von Schanghai Freitags und von Nagaſaki Sonntags, Ankunft in Wladiwoſtok Dienstags.

Die Geltungsdauer der Fahrkarten beträgt: für den internationalen Verkehr über Sibirien **3 Monate** und für den Land- und Seeverkehr über Sibirien und Suez **24 Monate.**

Reſtaurationswagen führen alle Expreßzüge. In denſelben können Reiſende 1. und 2. Klaſſe ihre Mahlzeiten einnehmen.

Eingeſchriebenes Reiſegepäck. Das direkt im Durchgange über andere Länder als diejenigen, zu welchen die Abgangs- und Beſtimmungsſtation gehören, eingeſchriebene Reiſegepäck durchläuft erſtere ohne zollamtliche Abfertigung und wird in den Ländern, zu welchen die Beſtimmungsſtation gehört, zollamtlich unterſucht.

Handgepäck wird wie bei direkt eingeſchriebenem Reiſegepäck angegeben, und außerdem auf den Grenzſtationen der übrigen von den Reiſenden zu durchfahrenden Länder zollamtlich unterſucht.

Ruſſiſcherſeits wird das Handgepäck in Alexandrowo, in Wirballen, in Mandſchuria (Akziſe), in Tanchoi und in Wladiwoſtok unterſucht.

[9183]

1908–1916 Die Amurlinie wird vollendet. Die mit über 9.000 Kilometern längste Eisenbahnlinie der Welt ist fertig gestellt.

1914 Ausbruch des Ersten Weltkriegs

1917 Die Bolschewiken unter Lenin ergreifen nach der Oktoberrevolution in Russland die Macht.

1918 Die Zarenfamilie wird in Jekaterinburg ermordet.

Sretensk mit dem 2 181 Kilometer entfernten Chabarowsk verbinden. Im hintersten Sibirien stößt der russische Pioniergeist schließlich an seine Grenzen: Extrem kalte Winter und sehr regenreiche Sommer stellen die Planer dieses Abschnitts, die zu allem Überfluss vom Skorbut heimgesucht werden, vor unlösbare Aufgaben. Der Bau der Strecke wird schließlich verworfen und auf unbestimmte Zeit verschoben. Damit lässt sich zudem ein Konflikt mit den Fährdiensten auf dem Amur zunächst vermeiden, die verständlicherweise um ihre Einkünfte bangen. Erst 1908 werden die Arbeiten an der Amurlinie wieder aufgenommen.

Um die Lücke zu schließen, kooperiert Witte mit China. 600 Kilometer südlich der Amurlinie ließe sich auf den Schienen der Ostchinesichen Bahn, die China zur selben Zeit quer durch die Mandschurei verlegt, Wladiwostok ebenfalls erreichen – unter eindeutig günstigeren klimatischen Verhältnissen und unter Einsparung von 550 Kilometern Schienen. Zudem besteht die Möglichkeit, die Transsibirische Linie mit Peking und Port Arthur zu verbinden (Letzteres fiel allerdings im Russisch-Japanischen Krieg an Japan). Die Kooperation kommt zustande. Zwischen 1897 und 1901 entstehen auf russischer Seite zwei Anschlusslinien, im Westen von der Transbaikallinie bei Kaidalow abzweigend zur chinesischen Grenze bei Mandschuruja, im Osten ein kurzes Stück, das bei Nikolsk, gut 100 Kilometer vor Wladiwostok die Verbindung zur Ussurilinie herstellt.

Die Lebensader Sibiriens

Das Ziel ist erreicht – wenngleich provisorisch. Die Zirkumbaikallinie ist noch im Bau und wegen der »Abkürzung« durch die Mandschurei wagt man noch nicht, von der Vollendung der Transsibirischen Strecke zu sprechen. Erst 1917, mit der Inbetriebnahme der Amurlinie, sind die 9 000 Kilometer von Moskau nach Wladiwostok in eisenbahntechnischer Hinsicht Realität; die gesellschaftlichen Auswirkungen der Strecke zeigen sich jedoch schon lange vorher. Bis 1914 lassen sich vier Millionen Menschen aus dem europäischen Teil Russlands entlang der Transsib nieder, es entstehen Industrie- und Handwerksbetriebe – ja ganze Städte! Heute ist die Transsib durchgehend elektrifiziert und zweispurig ausgebaut. Alle fünf bis sieben Minuten rattert ein Zug über Transsibirische Schwellen und trotz des Rückgangs des Eisenbahnverkehrs im heutigen Russland – von 2,7 Milliarden Fahrgästen 1991 auf 1,2 Milliarden 1997 – werden jährlich rund eine Milliarde Tonnen Güter transportiert. Aber die Transsib ist mehr als pure Statistik: Wenn Moskau das Herz Russlands ist, dann ist die Transsib die Hauptschlagader.

1941 Hitlers Wehrmacht startet die Operation Barbarossa gegen die UdSSR und steht binnen kurzem vor den Toren Moskaus.

1942–1945 Über die Transsib gelangt kriegswichtiges Material aus dem Osten an die Front.

1942 Die Rote Armee siegt bei Stalingrad über die Wehrmacht. Zehntausende Gefangene landen in sibirischen Arbeitslagern.

1945 Doppelspuriger Ausbau der Strecken, erste Elektrifizierung und Umstellung auf Diesellokomotiven.

DIE ZEIT DER LUXUSZÜGE

Die Pläne zur touristischen Nutzung der Transsib sind so alt wie die Strecke selbst. Kurz nachdem der Zar den Bau der Strecke verkündet hat, wird der Belgier Georges Nagelmackers, Gründer der Compagnie Internationale des Wagons-Lits (CIWL), in St. Petersburg vorstellig, um über den Betrieb eines Luxuszuges auf der neu zu schaffenden Strecke zu verhandeln. Bereits 1898 organisiert er die erste – heute würde m sagen – »Pauschalreise« von Moskau nach Tomsk, »all-inclusive« für 1 400 Francs. Das Interesse ist jedoch gering – letztendlich nehmen nur die Gewinner eines akademischen Wettbewerbs an der Fahrt teil. Doch sollte sich dies bald ändern.

Die Pariser Weltausstellung

Auf der Exposition Universelle 1900 im Schatten des eben errichteten Eiffelturms ist die Transsibirische Eisenbahn ein Publikumsmagnet. Sowohl die CIWL als auch die russischen Staatsbahnen buhlen um die Gunst der Besucher aus aller Herren Länder. Der ausgestellte Zug der Compagnie enthält unter anderem einen Musiksalon, einen Gymnastikraum und einen Friseursalon, vom luxuriösen Speisewagen und Badeabteil samt Bade-

Reisen um die Jahrhundertwende: ein Salonwagen der Transsibirischen Eisenbahn auf der Weltausstellung des Jahres 1900 in Paris.

1955 Die Transmongolische Bahn verkürzt die Strecke Moskau–Peking um 1 000 Kilometer.

1969 Chinesisch-sowjetische Grenzzwischenfälle am Ussuri bringen die Baikal-Amur-Magistrale wieder ins Gespräch.

1974–1984 Die 4 000 Kilometer lange Baikal-Amur-Magistrale wird vollendet.

1988 Im Zuge der Perestroika werden die Reisebestimmungen gelockert.

GUIDE CONTINENTAL DE LA CIE INTLE
DES
WAGONS-LITS
ET DES GDS EXPRESS EUROPÉENS
HÔTEL
CHATEAU ROYAL D'ARDENNE
près DINAN
TRAINS DE LUXE
LA SAISON D'ÉTÉ ANNÉE 1906
BELLEVUE
HÔTEL RESTAURANT
A 15 minutes DE PARIS
MADRID
SUD-EXPRESS
BIARRITZ
LISBONNE
OSTENDE
ROYAL-PALACE
PARIS-ROME
COMPAGNIE INTERNATIONALE
NAPLES-PALERME
ENGADINE-EXPRESS
Calais-Paris-Coire
SIMPLON-EXPRESS
ORIENT EXPRESS
SAVOIE-EXPRESS
LAC DU BOURGET
AIX-LES-BAINS
ÉTÉ 1906
PARIS
AIX-LES-BAINS
AIX-LES-BAINS
PARIS
ABBAZIA
la Perle de l'Adriatique
PRÈS TRIESTE
Train de Luxe
QUOTIDIEN
CHEMIN DE FER DE PARIS-LYON-MÉD
SERVICES VERS LA MÉDITER
TRAINS DE LUXE
Calais
Paris-Berne
Interlaken
Lausanne
Zermatt
Brigue
Milan
Sibérie
ASIE
EUROPE
Pétersbourg
Moscou
Tobolsk
Omsk
Tomsk
Irkoutsk
Copenhague
Brême
Berlin
Varsovie
OSTENDE
LONDRES
Paris
Vienne
GÊNES
Madrid
LISBONNE
Gibraltar
Rome
NAPLES
Constantinople
Mer Noire
Mer d'Aral
Tachkent
Téheran
Kaboul
Gobi
Chine
Pékin
Vladivostok
Mandchourie
Amour
Sakhaline
Tokio
YOKOHAMA

wanne ganz zu schweigen (allerdings wird er in den Weiten Sibiriens nie zum Einsatz kommen). Russland schafft einen kompletten Zug nach Paris. In einem luxuriösen Speisewagen werden russische Spezialitäten aufgetischt, während rollende Panorama-Leinwände vor den Fenstern eine Fahrt durch sibirische Landschaften sugerieren. Nach dem Mahl verlässt der Gast den Zug im Bahnhof von Peking, wo er von ausgesucht höflichen Chinesen in Seidengewändern empfangen wird. Die Plätze im Speisewagen sind Tage im voraus ausgebucht, ganz Paris ist begeistert!

GEGENÜBER:
Kombinierter Führer/Fahrplan der Compagnie Internationale des Wagons-Lits vom Mai 1906 mit den Abzeichen der großen Expresszuge und der Hotels, die zu Beginn des Jahrhunderts von der Compagnie betrieben wurden.

Die Luxus-Personenzüge der beiden konkurrierenden Anbieter für betuchte Russen und ausländische Weltreisende (wir befinden uns im Zeitalter Jules Vernes!), die ab 1904 den Verkehr zwischen Moskau und Wladiwostok aufnehmen, scheinen sich, was die Annehmlichkeiten betrifft, gegenseitig übertreffen zu wollen. Vieles bleibt indes auf die Ankündigung im Hochglanzprospekt beschränkt, denn die sibirischen Temperaturen machen insbesondere den CIWL-Zügen schwer zu schaffen. Dennoch fahren die französischen Züge ihrer russischen Konkurrenz davon, deren Auslastung deutlich hinter der 75-prozentigen der Franzosen zurückbleibt.

Als Europa 1914 in Flammen aufgeht, verschlechtert sich das ohnehin angespannte Verhältnis der Konkurrenten weiter. Über die Transsibirische Strecke rollen nun immer mehr Truppentransporte. Als Russland am Ende des Weltkriegs im Bürgerkrieg versinkt, scheint es um die Transsibirischen Expresszüge vorerst geschehen zu sein. Viele Wagen der CIWL werden beschlagnahmt und in teils erbärmlichem Zustand dem staatlichen Eisenbahnbetrieb einverleibt. Die Beharrlichkeit der Compagnie, wieder Luxuszüge durch Sibirien fahren zu lassen, ist zwar ungebrochen, doch die Zusagen, die man den neuen Machthabern abringt, sind bescheiden. Im Vordergrund stehen nun Fünfjahrespläne und die Verwirklichung des Sozialismus, Luxuszüge sind nach offizieller Lesart blanker Anachronismus.

Doch wird noch im selben Jahr, 1932, in dem die CIWL ihre Bemühungen resigniert einstellt, eifrig

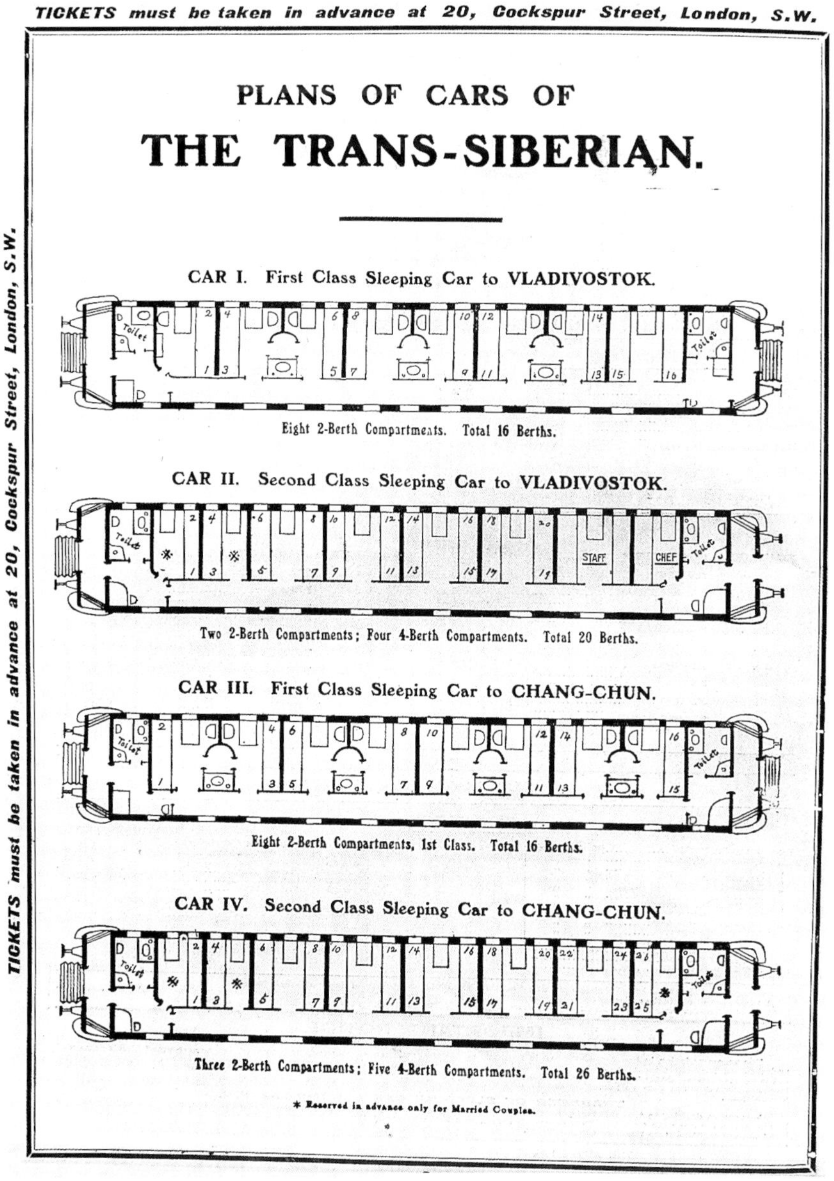

UNTEN:
Waggonübersicht der CIWL in *Traveller de Luxe*, 1913.

Lok der Serie P 36, eine der modernsten Dampfloks, die auch auf transsibirischen Strecken Dienst tat.

an einem neuen Luxuszug gearbeitet. Was den Komfort anbetrifft, kann es der Zug mit seinen westeuropäischen Pendants durchaus aufnehmen. Erlesene Hölzer, dicke Teppiche und erstklassige Sanitäranlagen sollen keine Wünsche offen lassen. Der Zug wird einen prominenten Passagier befördern: Josef Stalin. Ob er hinter den zugezogenen Vorhängen von den Viehwagen Notiz nahm, in denen Millionen seiner Opfer – mehr tot als lebendig – gen Osten in die Straflager Sibiriens deportiert werden, ist nicht bekannt.

DER ZWEITE WELTKRIEG

Als Hitlers Wehrmacht im Rahmen der Operation Barbarossa im Juni 1941 die Sowjetunion überfällt, wird der Transsibirischen Eisenbahn eine wichtige Funktion zuteil. Um nicht dem Feind in die Hände zu fallen, werden kriegswichtige Industrieanlagen im europäischen Teil der UdSSR zerlegt, auf Züge gen Osten verladen und hinter dem Ural wieder zusammengebaut. Auf diese Weise erreichen zum Beispiel 212 Fabriken Swerdlowsk, das heutige Jekaterinburg.

Während die Rote Armee im Westen des Landes zunächst eine Niederlage nach der anderen erleidet und Moskau kurz vor seiner Einnahme durch Hitlers Truppen steht,

Serie Je, eine von der US-amerikanischen Firma Baldwin 1945 gebaute Lokomotive, die unter anderem auf den Strecken im »fernen Osten« eingesetzt wurde.

werden Hunderttausende mit der Bahn aus der Hauptstadt evakuiert. Sibirien wird zur Basis der sowjetischen Gegenoffensive; der Eisenbahn kommt eine Schlüsselrolle für den Nachschub zu. Um den Gegenschlag in letzter Minute zu ermöglichen, arbeitet man fieberhaft am Ausbau des sibirischen Streckennetzes. Im November 1942 rollen die Züge in Richtung Westen, beladen mit Soldaten und Panzern, und fügen der Wehrmacht bei Stalingrad die entscheidende Niederlage zu. In die Gegenrichtung rollen nun Gefangenentransporte. Die deutschen Kriegsgefangenen werden unter anderem beim Ausbau des Schienennetzes eingesetzt.

1945 liegt der europäische Teil Russlands in Trümmern, mehr als die Hälfte des Schienennetzes ist der Gewalt des Krieges zum Opfer gefallen. Doch dank der intakten Verbindungen im Osten kann die Bevölkerung über die Transsibirische Strecke in den schweren Nachkriegsjahren mit Lebensmitteln versorgt werden. Aus dem Süden Sibiriens kommen ganze Zugladungen voller Versorgungsgüter.

Nach dem Krieg setzt die Sowjetunion weiterhin verstärkt auf den Ausbau des Schienenverkehrs. Unmittelbar nach Kriegsende beginnt man mit dem doppelspurigen Ausbau der am stärksten frequentierten Abschnitte der Transsibirienlinie. Die ersten Diesellokomotiven verdrängen die »Dampfrösser« und in den 1950er Jahren werden die

Heimliche Aufnahme aus dem Jahr 1957 im Bahnhof Kalinin: Diese Schnellfahrlok der sowjetischen Eisenbahn, ein Einzelexemplar von 1938, erreichte 180 Stundenkilometer.

ersten Strecken elektrifiziert. Dennoch verlassen bis 1956 Dampfloks die Fertigungshallen, sie werden aber fast ausschließlich im Güterverkehr eingesetzt. In der Zeit des Kalten Krieges verlaufen diese Entwicklungen weit gehend unter Ausschluss der Weltöffentlichkeit. Ausländer dürfen bis 1961 nur bis Irkutsk reisen.

NEUBAUSTRECKEN DER JÜNGEREN VERGANGENHEIT

In der zweiten Hälfte des 20. Jahrhunderts wird das sibirische Streckennetz weiter ausgebaut. Es entstehen zwei weitere Strecken von großer wirtschaftlicher und strategischer Bedeutung.

Die Transmongolische Bahn

1955 nehmen – nach fünfjähriger Bauzeit – die Züge der Transmongolischen Bahn ihren Dienst auf. Die Strecke zweigt bei Ulan Ude von der eigentlichen Transsibirischen Linie ab und führt über Ulan Bator quer durch die Mongolei nach Peking. Die Entfernung zwischen Moskau und Peking verkürzt sich so um 1 000 auf 7 700 Kilometer. Außer unter wirtschaftlichen Gesichtspunkten ist die transmongolische Route vor allem in touristischer Hinsicht bemerkenswert, denn die meisten Reisenden aus westlichen Ländern verbinden mit der Strecke den Traum von einer transsibirischen Reise.

Die Baikal-Amur-Magistrale (BAM)

Die Pläne für eine zweite Bahnstrecke, die noch tiefer in die Weiten Sibiriens vordringen soll, sind fast so alt wie die ursprüngliche Projektierung einer transsibirischen Verbindung. Noch bevor die erste Linie in Betrieb geht, werden entsprechende Vorschläge publik, ohne allerdings auf großes Gehör zu stoßen.

Erst unter der Sowjetregierung werden die Pläne einer direkten Verbindung zwischen der Baikalregion und dem Unterlauf des Amur wieder konkreter. Teilabschnitte, so jener zwischen Komsomolsk und der Küste, sowie eine Abzweigung von Taischet über die Kraftwerkstadt Bratsk bis Ust-Kut an der Lena werden in den 1940er- bzw. 1950er-Jahren in Betrieb genommen, doch verliert die Entwicklung Sibiriens in den Nachkriegsjahren insgesamt an Schwung.

Erst durch die massive Verschlechterung der sino-sowjetischen Beziehungen in den 1960er-Jahren – 1969 kommt es sogar zu bewaffneten Ausseinandersetzungen entlang der Grenze – erhält die Baikal-Amur-Magistrale neue Brisanz. Die Transsibirische Linie entlang des Amur – quasi in Rufweite zur chinesischen Grenze – erscheint in diesem Lichte zweifelhaft, zudem ist die Strecke stark überlastet. Als sich zu Beginn der 1970er-

Der russische Ferne Osten. Das schwierige Terrain stellte die Ingenieure der Baikal-Amur-Magistrale vor schier unüberwindbare Hindernisse.

Zwei Lokomotiven des Typs ER9P im Bahnhof Sludjanka. Dieser im lettischen Riga bis 1975 gebauten Lokomotive begegnet man heute überall im russischen Streckennetz.

Jahre die weltweite Energiekrise dazugesellt, geht Moskau in die Offensive: 1974 verkündet das Zentralkomitee den Ausbau der Baikal-Amur-Magistrale unter der Parole »Baustelle des Jahrhunderts« – welche Parallelität der Geschichte! Zu beiden Seiten der über 4000 Kilometer langen Strecke sollen gewaltige Produktionskomplexe die Schätze Sibiriens – Öl, Eisen, Kohle und Gold – an Ort und Stelle weiterverarbeiten. Der BAM-Ausbau ist in militärischer wie wirtschaftlicher Hinsicht das Gebot der Stunde und das letzte große Investitionsprogramm des bereits damals bankrotten Systems.

1974 machen sich erneut Tausende von Arbeitskräften unter zum Teil unmenschlichen Bedingungen an die Arbeit. Die geologischen und klimatischen Gegebenheiten erwiesen sich als noch schwieriger als 80 Jahre zuvor und 500 Kilometer weiter südlich. Mehr als 2000 Brücken und neun Tunnel müssen durch ein Gebiet geschlagen bzw. gebohrt werden, in dem alljährlich ebenso viele Erdbeben registriert werden, die Stärke 9 bis 10 auf der Richterskala erreichen. 2000 Streckenkilometer verlaufen über Permafrostboden, 600 Kilometer durch Sumpfgebiete. Entsprechend langsam, langsamer noch als beim Bau der Transsibirischen Eisenbahn, schreiten die Arbeiten voran – und das trotz modernster Fertigungs- und Montagetechnik.

Über den Zeitpunkt der Vollendung des Mammutbauwerks liegen immer noch keine verlässlichen Angaben vor, denn die Archive der auf äußerste Geheimhaltung bedachten Sowjets sind noch nicht voll zugänglich. Offiziell wird 1984 als Jahr der Fertigstellung genannt. Nach amerikanischem Vorbild trieb man einen goldenen Nagel in die letzte Schwelle. Wahrscheinlich ist jedoch, dass der Betrieb auf der Gesamtstrecke erst in den 1990er-Jahren aufgenommen wurde. Mittlerweile steht die Strecke auch bei westlichen Reiseveranstaltern im Programm.

0
500
1000
1500
2000 km
0°
20°
40°
10°
IRLAND
Dublin
SCHOTTLAND
Edinburgh
Europäisches Nordmeer
Spitzbergen
ENGLAND
NORWEGEN
Franz-Josef-Land
London
Nordsee
Skandinavisches Gebirge
Lappland
0°
FRANKREICH
Oslo
DÄNEMARK
BELGIEN
SCHWEDEN
Barents-see
Paris
NIEDERLANDE
Murmansk
LUXEMBURG
Kopenhagen
Stockholm
Nowaja Semlja
Frankfurt
FINNLAND
Karasee
Berlin
LITAUEN
LETTLAND
Tallinn
Helsinki
DEUTSCHLAND
10°
Archangelsk
Prag
POLEN
ESTLAND
Riga
Narjan Mar
Amderma
ÖSTER-REICH
TSCHECH. REP.
Kaunas
St. Petersburg
Wien
Warschau
WEISS-RUSSLAND
SLOWENIEN
Minsk
Smolensk
Wologda
Salechard
KROATIEN
SLOWAK. REP.
Nördl. Dwina
Budapest
Jaroslawl
Petschora
Ob
Sibirisches Tiefland
UNGARN
Tschernobyl
Gomel
Moskau
Wolga
UKRAINE
Wjatka
Ural
Kiew
R U S S L
Donau
RUMÄNIEN
Dnjepr
Nischnij Nowgorod
20°
MOLDAVIEN
Perm
Chanty-Mansijsk
Sofia
Bukarest
Kischinew
Kazan
Nischnij Tagil
Ob
Don
Kama
Charkow
Odessa
BULGARIEN
Sysran
Tjumen
Tobolsk
Saratow
Samara
Jekaterinburg
Donezk
40°
Sewastopol
Tscheljabinsk
Transsibirische Eisenbahn
Wolga
Istanbul
Schwarzes Meer
Rostow
Wolgograd
Ural
Magnitogorsk
Tobol
Omsk
Kaukasus
Orsk
Ishim
Ankara
Astrachan
Kaspische Senke
Irtysch
TÜRKEI
Grosny
Batumi
KASACHSTAN
30°
GEORGIEN
Karaganda
Adana
Tiflis
ARMENIEN
Kaspisches Meer
Aral-see
Eriwan
ZYPERN
Balchasch
ASERBAIDSCHAN
LIBANON
SYRIEN
Baku
Nukus
Turan-Plateau
Syrdarja
Balchasch-see
Damaskus
ISRAEL
Tashauz
USBEKISTAN
Almaty
Euphrat
Tigris
TURKMENISTAN
Bischkek
Taschkent
JORDANIEN
Zagrosgebirge
Aschchabad
Buchara
KIRGISISTAN
Amudarja
Tien-shan
Bagdad
Teheran
Duschanbe
IRAK

RDPOLARMEER
Tschuktschen-see
180°
160°
140°
120°
80°
100°
Wrangelinsel
Beringmee
Anadyr
Ostsibirische See
Neusibirische Inseln
Sewernaja Semlja
Laptewsee
Ljachow-inseln
Lenadelta
Kolyma
Indigirka
Kolyma-Tiefland
Kolymagebirge
Kommande inseln
Nordwik
Dickson
Chatanga
Tschersker Gebirge
Kamtschatka
Lena
Werchojansker Gebirge
Oimjakon
Magadan
Polarkreis
Zentral-Sibirisches Plateau
Jenissej
Ochotsk
Petropawl Kamtscha
Wiljujsk
Jakutsk
Ochotskisches Meer
Dschugdshurgebirge
Untere Tunguska
Oljokminsk
Aldan-Hochland
A N D
Lensk
Sachalin
Tatarensund
Stanowojgebirge
Burejagebirge
Angara
Baikal-Amur-Magistrale (BAM)
Sowjetskaja Gawan
Juschno-Sachali
Taischet
Bratsk
Jablonowyjgebirge
Transsibirische Eisenbahn
Amur
Chabarowsk
Sichote-Alin
omsk
Krasnojarsk
Baikal-see
Tschita
Abakan
Irkutsk
Zabaikalsk
Mandschurei-Ebene
Sapporo
Ulan Ude
Manzhouli
Hakodate
Sajangebirge
Nauschki
Jenissej
Transmandschurische Bahn
Harbin
Nachodka
Altai
Wladiwostok
Ulan Bator
Changchun
JAPA
Japanisches Meer
Mongolischer Altai
Transmongolische Bahn
MONGOLEI
To
Wüste Gobi
Shenyang
NORD-KOREA
Yokohama
Erlian
mchi
Pjöngjang
Kyoto
Hohhot
Seoul
Osaka
Baotou
Peking
SÜD-KOREA
Tientsin
Datong
Gelbes Meer
C H I N A
Großes

Von MOSKAU

nach
WLADIWOSTOK

Der Jaroslawer Bahnhof, einer von neun Großbahnhöfen Moskaus und Ausgangspunkt der Transsibirischen Eisenbahn. Hinter seiner majestätischen Jugendstil-Fassade tummeln sich täglich Zehntausende Reisende aus allen Teilen des Riesenlandes.

MOSKAU

Seit ungefähr einer Stunde hält unser Zug häufiger an kleinen Bahnhöfen. Die vorbeiziehende Landschaft verbreitet Vorstadtatmosphäre. Es ist ein früher, klarer Morgen Mitte September. Die Kleingartenanlagen werden zu Wohnblocksiedlungen und schließlich verwandeln sie sich in ein Stadtbild: Moskau. »Endlich wieder zu Hause«, sagt die Frau, die mit uns seit gestern Abend, seit der Zug in St. Petersburg losfuhr, das Zugabteil teilt. Es macht Hoffnung, wenn Einheimische eine große Stadt als ihr Zuhause bezeichnen. Es macht eine Stadt sympathisch.

Am Leningrader Bahnhof, einem der neun Bahnhöfe Moskaus, die allesamt wie Schlösser aussehen, herrscht frühmorgendliche Hektik. Der Geruch von Seife und Kaffee schwängert die Luft. Gegen 8.00 Uhr sitzen wir im 10. Stock des ›Travellers' Guest House‹ in der Uliza Bolschaja Perejaslawskaja, trinken löslichen Kaffee und beginnen uns auf Moskau einzustellen. So einfach ist das gar nicht: Fast ist man versucht, den Aufenthalt in Moskau als Zwangspause einzuordnen, als kaum mehr als eine Durchgangsstation, bevor das eigentliche Abenteuer beginnt. Die Reise mit der Transsibirischen Eisenbahn – für mich ein Mythos!

Der Kreml, 1156 von Juri Dolgoruki, dem Gründer Moskaus, angelegt, wurde in seiner langen Geschichte mehrmals erweitert. Seit 1462 ist er das Symbol russischer Macht. In der Bildmitte der Große Kreml-Palast, rechts die Kuppeln der Kreml-Kathedralen.

Als ich zehn Jahre alt war, fiel die Mauer zwischen West- und Ostdeutschland. Ich wählte Russisch in der Schule nicht ab. Als ich mit 22 Jahren vorhatte nach Russland zu fahren, waren meine Eltern negativ überrascht. Ich hatte das Gefühl, etwas vergessen zu haben aus meiner DDR-geprägten Kindheit oder etwas zu übersehen. Wie konnte das, was ich in wunderbarer Erinnerung hatte, für meine Eltern eine schreckliche Zeit gewesen sein? Ich wollte mit der Transsibirischen Eisenbahn nach Osten fahren, um mich am Ende der Reise umdrehen und einen anderen Blick auf Westeuropa werfen zu können. Russland kannte ich aus der Sichtweise einer Ostdeutschen und aus ungenauen Medienschilderungen, die nach 1989 den Begriff »Neues Russland« einführten, ohne zu erklären, was sich dahinter verbirgt. Mein Bruder und ich fuhren Richtung Osten mit einer großen Portion Vorurteile und der eingeimpften Angst unserer Elterngeneration vor Russland.

Moskau hinterlässt auf den ersten Blick keinen prägenden Eindruck wie etwa St. Petersburg. Es ist eine große, unsaubere, »benutzte« Stadt, wie fast überall in Europa zu finden, nur größer. Auf den Straßen und an den Metrostationen eilen Menschenmassen geschäftig vorbei. Ein öffentlicher WC-Besuch kostet so viel wie ein Brot.

Gegenüber:
Die Basilius-Kathedrale, anmutiges Manifest der russischen Orthodoxie und ein Wahrzeichen Russlands. Angeblich ließ Iwan der Schreckliche den Baumeister blenden, damit dieser kein schöneres Bauwerk errichten könne.

Die Stadt befindet sich ganz offensichtlich immer noch im Übergangsstadium zwischen Weltstadt und nationaler Metropole. Unzählige Baustellen und modisch gekleidete Leute lassen Veränderung erkennen. Baufällige Häuserzeilen und Händler hingegen, die vor den neuen Schaufensterpasssagen wie auf einem Basar ihre Waren feilbieten, bestätigen den noch nicht vollzogenen Wandel, den man aus anderen osteuropäischen Großstädten wie Warschau oder Prag kennt. Neue Espresso-Bars und Baguetterien sprießen überall aus dem Boden. Das Preisniveau scheint keinen Unterschied zu einer Stadt wie Berlin aufzuweisen.

Der Rote Platz

Am Roten Platz stellt sich das authentische Moskau-Gefühl ein. »Krasnaja Ploschad« bedeutete früher »Schöner Platz«, und das zu Recht. Im 17. Jahrhundert als Marktplatz genutzt, wird er seit langem von eindrucksvollen Bauwerken gesäumt: der labyrinthischen Basilius-Kathedrale, dem Staatlichen Universal Kaufhaus GUM, einem 1805 erbauten majestätischen Gebäude mit unzähligen Geschäften, und natürlich dem Kreml.

Als es schon fast Nacht ist, schlendern wir über den Roten Platz. Alles, was beleuchtet werden kann, wird rot angestrahlt.

An einigen Wochentagen kann man zwischen 10.00 und 13.00 Uhr das Lenin-Mausoleum auf dem Roten Platz besichtigen. In der relativ kleinen Menschenschlange an diesem Morgen lernen wir Michael, einen Petersburger, kennen. Er ist genauso aufgeregt wie wir. »Lenin ist heute immer noch für alle Russen, die keine Moskowiter sind, eine Attraktion«, erzählt er uns. Russland hat in allen Sparten, die man mit Superlativen besetzen kann, etwas vorzuweisen. Der ausgestellte Lenin ist sicherlich Russlands »berühmtester toter Körper«. Das Mausoleum wurde 1930 von A. V. Schtschusew aus dunkelrotem und schwarzem Granit erbaut. Es ist eine architektonische Schönheit. Das Totenhaus Lenins auf dem Roten Platz verbindet Historismus und Avantgarde und war für die spätere Sowjetarchitektur richtungweisend. Zu Sowjetzeiten nahm die Staats- und Parteispitze von der Balustrade die Paraden ab; die Reihenfolge, in der sich die alten Herren präsentierten, war über Jahrzehnte oft das einzige Indiz für westliche Beobachter, das über die Hierarchien in der KPdSU Auskuft gab. »Lenin soll eigentlich schon seit Jahren in Petersburg neben seiner Mutter beerdigt werden«, erzählt Michael weiter. Dem Wunsch seiner Familie, ihn zu begraben, stand schon kurz nach seinem Tod 1924 der Plan der Sowjets entgegen, Lenin in Form öffentlicher Zurschaustellung Respekt zu zollen. Personenkult nannte man das später. Aktuelle Umfragen haben ergeben, dass mehr als die Hälfte aller Russen mittlerweile seine Beerdigung befürwortet.

Folgende Doppelseite:
Vor dem Lenin-Mausoleum stehen die Besucher Schlange. 1991 zogen noch drei Millionen Besucher an dem toten Exführer vorbei. Im Jahr 2000 waren es nur noch etwa 80000. Rechts im Hintergrund das Historische Museum.

Um dem toten Kommunisten die Ehre zu erweisen, müssen wir uns trennen. Anderen Touristen geht das ähnlich. Schon zwei Kilometer vor dem Roten Platz sieht man einsa-

Zahlreiche goldene Kuppeln prägen die Stadt. Hier im Bild die Kuppeln einer der Kreml-Kirchen.

me Japaner mit 20 bis 30 Kameras und Zubehör herumstehen. Man wundert sich kurz, warum sie sich gerade Russland ausgesucht haben, um Kameras zu verkaufen, und vergisst den eigentümlichen Anblick wieder. Vor dem Mausoleum des Rätsels Lösung: Es sind die ausgelosten Verlierer, die im Auftrag ihrer Reisegruppen sämtliche Kameras beaufsichtigen, denn im Inneren des Mausoleums ist das Fotografieren verboten.

Auch ich folge den vorgeschriebenen Wegen über den Roten Platz zum Mausoleum. Im Abstand von zwei Metern patrouillieren Uniformierte, die entgegen meiner Erwartung sehr freundlich sind. Man taucht in einen finsteren Treppenschacht hinab und betritt schließlich einen blutrot beleuchteten, schwarz glänzenden Raum. Die Tour um den im Glassarg aufgebahrten Leichnam erfolgt ohne Zwischenstopps, Uniformierte achten penibel darauf, dass man nicht stehen bleibt. Das Tageslicht sticht einem regelrecht in die Augen, wenn man auf der anderen Seite aus dem Gebäude tritt. Auch der Rückweg, der auch an Stalins Grab vorbeiführt und auf dem man durch das GUM geschleust wird, ist genau vorgeschrieben.

Der Gründer der Sowjetunion soll uns bei der Reise quer durch Russland noch öfter begegnen. In Stein, Bronze oder Stahl, als Relief, Skulptur oder auf Zigarettenschachteln, im Stadtpark, am Bahnhof oder auf Straßenschildern – stets wirkt er wie der verkörperte Wunsch einer Nation nach einem Helden – und Helden sind in Russland schon seit langem Mangelware.

Basilius-Kathedrale

Die Basilius-Kathedrale am südlichen Ende des Platzes ähnelt einem großen Spielzeugschloss. 1555 bis 1561 von Iwan dem Schrecklichen zur Feier seines Sieges über die Tataren erbaut, vereint sie eine ganze Gruppe von Kirchen unter einem Dach. Die Ordnung des Komplexes wird nur aus der Vogelperspektive deutlich: Den Grundriss bildet ein Kreuz, an dessen Enden vier Kirchen stehen. In der Mitte befindet sich eine fünfte, die höchste und größte Kirche, dazwischen sind vier weitere Gotteshäuser angeordnet, neun insgesamt. Ihre Türme und Kuppeln sind zum bekanntesten Symbol Russlands geworden. Wie orientalische Turbane verkörpern sie in Ornamentik und Farbgebung den ästhetischen Höhepunkt der russischen Kirchenarchitektur. Die verwinkelten Innenräume sind mit Fresken geschmückt, die die Wände bis zum Dach bedecken.

Am besten versucht man ein hohes Gebäude in der Nähe des Roten Platzes zu besteigen, um einen Blick auf Moskau zu werfen. Das Hotel Rossija, ein »6 000-Betten-Monster« am Roten Platz mit typischem Plattenbau-Charme, eignet sich dafür hervorragend. Wir streifen durch riesige Flure von einer offenen Tür zur nächsten. Durch Gänge mit Zimmernummern so lang, dass man sie sich unmöglich merken kann, und mit dem ein oder anderen Blick auf den Roten Platz, bewegen wir uns wie durch eine Geisterstadt. Manchmal wird die Stille unterbrochen von Musik aus einer der Bars am Ende eines Ganges. Wir erklimmen die Treppen immer weiter, bis sie fast baufällig werden. Eine angelehnte Tür führt auf ein grasbewachsenes Dach. Der Blick über Moskau ist schier unendlich: ringsum Dächer und goldene Kuppeln, die in der Sonne funkeln, der Fluss Moskwa und riesige Kräne, die in den Himmel ragen. Erst jetzt werden wir uns der Größe des Hotelareals und der Strecke bewusst, die wir durch Flure zurückgelegt haben: Ein Flughafen ist nichts dagegen.

Ein Erlebnis ganz anderer Art erwartet uns an der Konsummeile Nowy Arbat. Ein eigener Radiosender, Nowy Arbat Radio, beschallt die Kauflustigen. Zu beiden Seiten säumen Boutiquen, Restaurants und Geschäfte aller Art die sechsspurige Straße. Vor den Schaufenstern bieten Händler ihre Waren feil. Nowy Arbat ist dicht bevölkert mit Menschen. Die Frauen sehen aus, als seien sie direkt von den Champs-Elyseés eingeflogen – nur schöner. Stil und Eleganz neben dem Jogginganzug-Bierdosen-Look. Man wird nicht beobachtet, fühlt sich nicht an seiner Kleidung gemessen.

Kleine Zwiebelturmbasiliken ragen in der ganzen Stadt aus der postsozialistischen Architektur heraus. Sie wirken wie locker hingewürfelt, wie platzierte Schmuckstücke inmitten riesiger Gebäude. Wir hören auf sie zu zählen, als wir auf der Suche nach der russischen Literaturzeitschrift *Medwed* (Der Bär) zum Journalistenzentrum gelangen. Die Institution ist in einem verfallenen Haus von mindestens zehn Stockwerken in einer Seitenstraße untergebracht. Durch offen stehende Türen kann man Blicke in überfrachtete Räume mit Kartons und Ordnerstapeln werfen.

Eine russische Matrone, die im Vorzimmer, das nach Ost-Partei-Büro riecht, an einer Schreibmaschine sitzt, begrüßt uns, ohne von ihrer Tätigkeit aufzusehen. »Ich bin auf der

Folgende Doppelseite:
Kaufrausch im Kaufhaus. Mittelpunkt des dreischiffigen Konsumtempels GUM mit seinen zahlreichen Brücken und Galerien ist dieser Springbrunnen. Das Angebot entspricht dem eines westeuropäischen Einkaufszentrums, aber allein das Ambiente ist einen Besuch wert. Das GUM zieht täglich Abertausende Besucher an.

СУВЕНИРЫ

СУВЕНИРЫ
2 ЛИНИЯ
ЧАСЫ

Suche nach der Zeitschrift Medwed«, trage ich freundlich vor. Anstelle einer Antwort weist sie stumm auf das »Direktor«-Schild an der gegenüberliegenden Tür. Eine Frau mittleren Alters, die akkurat gekleidet und leicht überschminkt zwischen Aktenbergen zu versinken droht, bittet uns herein. Auf den Namen Medwed reagiert sie blitzartig geschäftig. »Wir führen keine nicht-registrierten Printmedien in unserem Archiv«, erklärt sie kurz und knapp. Aus einer gereizten Handbewegung in Richtung Telefon entnehmen wir, dass die Unterhaltung beendet ist.

»Ach, russische Regeltreue«, winkt ein Zeitungsverkäufer kopfschüttelnd ab, als ich ihm von der Begegnung erzähle. Er erklärt mir freundlich, dass die Zeitung, nach der ich suche, verboten ist und die Herausgeber wieder einmal verhaftet wurden. Zeitungskioske und Magazinstände gibt es überall in der Stadt. Ganz besonders an Metrostationen und Bahnhöfen ist das Angebot groß. Es fällt auf, wie viele Menschen laufend, stehend oder sitzend in dieser Stadt in Lektüre vertieft sind. Jede Nische wird genutzt. Bauarbeiter, Hausfrauen mit Einkaufstüten, alte Männer, junge Mädchen mit Cowboystiefeln, Schulkinder, Menschen, denen man eher Analphabetismus unterstellen würde – alle lesen.

Die Aufarbeitung der Sowjet-Geschichte hat im Neuen Russland erst begonnen. Dieses Denkmal erinnert an die Millionen Opfer des stalinistischen Terrors und mahnt zur Menschlichkeit.

Zagorsk – Sergiew Possad

Dreimal täglich fährt ein Bus von der Moskauer Busstation ungefähr 80 Minuten nach Zagorsk. Das 70 Kilometer nördlich von Moskau gelegene Sergiew Possad, das von 1930 bis 1991 Zagorsk hieß, gehört zu den altrussischen Städten des Goldenen Rings, die in einem Umkreis von 50 bis 500 Kilometer von Moskau entfernt liegen. Am frühen Morgen brechen wir auf. Eine kleine russische Provinzstadt mit 115 000 Einwohnern erwartet uns. Ziel unseres Besuches ist das russisch-orthodoxe Pfingst-Sergiew-Kloster, das unter dem Großfürsten Dimitrij im 14. Jahrhundert zum religiösen Zentrum des Moskauer Fürstentums avancierte. Heute leben etwa 150 Mönche in der Anlage, die ein Priester-Seminar und eine Akademie beherbergt. Das Troiza (Dreifaltigkeits)-Sergius-Kloster ist aus weißem Stein erbaut und besteht aus Kirchen, Zarenprunkgemächern, Metropolitengemächern, Wirtschaftsgebäuden und der Troiza-Kathedrale, einem Meisterwerk der Früh-Moskauer Weißsteinkunst. Andrej Rubljow malte für diese Kathedrale sein Meisterwerk, die Ikone *Dreifaltigkeit*, deren Original heute in der Tretjakow-Galerie hängt. Der Pilgerort erscheint angenehm ruhig, da zu dieser Jahreszeit kaum mehr Touristenhorden einfallen. Vor allem an Ostern, dem höchsten Festtag der russischen Orthodoxie, geht es hier ganz andes zu: Zehntausende Pilger aus allen Teilen des Landes strömen herbei und bringen den Ort zum Überquellen. Wir genießen das sonnige Spätherbstwetter und schlendern durch den ehrwürdigen Gebäudekomplex. Am späten Nachmittag geht unser Bus zurück nach Moskau.

Für den folgenden Tag ist Kontrastprogramm angesagt: das »Monument für Kosmonauten« am Prospekt Mira, das ich in einem kleinen Architekturführer über Moskau abgebildet fand. Es zeigt eine in den Himmel ragende Titanskulptur mit einer Rakete an der Spitze. Die Architekten M. O. Barschtsch und A. N. Koltschin errichteten bis 1964 diese 100 Meter hohe Gedenkstätte. Wir nehmen die Metro bis zur Station VDNKH, deren Ausgang direkt zum Vorplatz des Monuments führt. Erschrocken über die verwahrloste Umgebung, steigen wir die Treppen hinauf, die von Glasscherben und Müll überquellen. Jugendcliquen, die Bier trinken und einen Ghettoblaster bis zur Erschöpfung quälen, sitzen verstreut auf dem Gelände herum. Gras wächst in den Zwischenräumen der Platten, die den Platz bedecken. Von einer betriebsamen Stimmung, wie sie gewöhnlich rund um Touristenattraktionen herrscht, ist nichts zu spüren. Die Atmosphäre changiert eher zwischen Vorstadttreff und Tankstelle. Alles wirkt, als hätte sich seit Jahrzehnten niemand mehr das Monument angesehen. Die goldene Abendsonne und Moskau mit seinen Türmen spiegeln sich in der Zukunftsmetapher wider, die die Skulptur darstellt. An der vorderen Front des Reliefsockels weist Lenin in Richtung Zukunft.

Die Tretjakow-Galerie, die wir auch besuchen, ist die größte Sammlung russischer Kunst und das vielleicht berühmteste der rund 90 Museen der Stadt. Die Brüder Tretjakow, zwei Industrielle, bauten im 19. Jahrhundert eine hochkarätige Sammlung auf, die

Seit dem Ende der Sowjetunion erlebt die Kirche eine Renaissance. 150 der 170 Millionen Russen bekennen sich zum russisch-orthodoxen Glauben.

Folgende Doppelseite:
Zentrum der russisch-orthodoxen Kirche: das Dreifaltigkeitskloster in Zagorsk.

Das andere Moskau: Abseits der großen Straßen und Plätze ist die Stadt verwinkelt, romantisch und intim. Im Hintergrund ein Wohnhaus im typischen Zuckerbäcker-Stil der Stalinära, in dem einst privilegierte Parteigenossen residierten.

seither erheblich gewachsen ist. Vor allem die Künstlergruppe Pjeredwischniki stand in der Gunst der Mäzene. Ein Erlebnis für sich sind die fremdsprachigen Führungen anhand von Audiokassetten. Eine nette deutsche Stimme mit leichtem russischen Akzent begrüßt mich freundlich und lädt mich ein, dieses und jenes näher zu betrachten, diesen mit jenem Künstler zu vergleichen. Dabei fallen zauberhaft geschraubte Wendungen wie »das Bild zieht unsere Aufmerksamkeit durch die leichte monumentale Feierlichkeit und die feine Harmonie der Pinselstriche auf sich. Sie sehen es an der linken Wand vom Eingang hinter Peter dem Großen«.

Wenn Bahnhöfe die oberirdischen Schlösser Moskaus sind, sind die Metrostationen ihre unterirdischen Pendants. Die Moskauer U-Bahn-Stationen sind Sehenswürdigkeiten, die man im Vorüberfahren ansehen, aber auch ganz bewusst aufsuchen kann. Innerhalb der Ringlinie, die um das Zentrum einen Kreuzknotenpunkt für alle Linien bildet, erstrahlen die Stationen wie kleine thematische Marmorpaläste unter der Erde. Es herrscht Sauberkeit und Museumsatmosphäre, ganz anders als in den übrigen Untergrundbahnsystemen dieser Welt. Komsomolskaja, Nowoslobodskaja, Belorusskaja, Kiewskaja, Kropotkinskaja, Majakowskaja und Ploschad Revolutsii sind sicherlich die kunstvollsten Stationen. Die Moskauer Untergrundbahn hat einen Ausnahmestatus – wie die Transsibirische Eisenbahn.

Auf einer der endlos langen und rasend schnellen Rolltreppen, die in die Tiefe führen, planen wir das Nachmittagsprogramm. Auf Reisen versuche ich stets zum »Kern der Dinge« vorzustoßen, der meist im Alltagsleben verborgen liegt – ein vielleicht vermessener, aber meist recht spannend verlaufender Vorsatz. Wir entscheiden uns deshalb für eine U-Bahn-Fahrt in einen Vorort, wo wir auch die diversen Proviant-Einkäufe für die Fahrt auf der Transsib erledigen können.

Auf dem U-Bahn-Plan loten wir mit dem Zeigefinger eine Endstation aus. Nach etwa 50 Minuten Fahrt unter etwas zwielichtigen Mitfahrern versuche ich an etwas anderes zu denken als an Selbstverteidigungsstrategien, doch das mulmige Gefühl lässt sich nicht verdrängen. Die Tür scheint zu klemmen, als wir den Waggon verlassen wollen. Zwei Typen, die uns die Tür zur Seite stemmen, verfolgen uns bis in das schwach beleuchtete Wohngebiet. Am Ende der Straße kommt uns ein Kind mit einem Eis entgegen. »Wo kann man hier einkaufen?«, frage ich. Die Kleine läuft weg. Wir folgen der Richtung, aus der sie gekommen ist, und entdecken ein Neonschild »Magasin«, von dem nur »gas« beleuchtet ist. Vor dem »Geschäft« verkauft eine alte Frau aus einem Pappkarton Hundewelpen für 20 Rubel. Drinnen jagen zwei Jugendliche einen Welpen durch die wenigen Regale. Sie binden ihm eine leere Zigarettenschachtel ans Bein. Als sie sie anzünden wollen, scheucht die Frau an der Kasse sie hinaus. Die Verkäuferin ist nett. »Mein Mann kann Sie doch zur nächsten Metrostation begleiten. Sie sollten hier nicht so spät herumlaufen«, bietet sie an. Und ich hatte gedacht, der Einkaufsbeutel könnte als Tarnung dienen, um als Einheimische durchzugehen. Wir gehen auf dem kürzesten Weg zurück zur Metro.

Zwar bessert sich die allgemeine Wirtschaftslage allmählich, viele Moskowiter sind jedoch nach wie vor auf Nebenjobs angewiesen, um über die Runden zu kommen. Nicht immer ein leichtes Los, wie dieser Dienstmann am Jaroslawer Bahnhof bestätigen dürfte.

Es geht los. 10 000 Kilometer Terra incognita liegen vor uns.

Spätabends, wieder am Roten Platz angekommen, erscheint uns der Platz friedlich wie in einem Märchen, wie der Ort, wo die Guten wohnen.

In der letzten Nacht in Moskau machen wir kaum ein Auge zu. Randale auf dem Flur hält uns wach. Durch den Spalt der leicht geöffneten Tür erkenne ich die uniformierten Milizbeamten, die das Haus bewachen. Sie flirten mit der Dienst habenden Etagenfrau und zertrümmern nebenbei Stühle. Weil ich nicht schlafen kann, denke ich an die Reise. Morgen fahren wir mit der Transsibirischen Eisenbahn. Ich stelle mir einen Zug vor, in dem man wohnen kann und gleichsam durch Zeit und Raum fährt.

Moskau weckt uns mit einem klaren, freundlichen Spätherbstmorgen. Es riecht schon ein wenig nach Winter. Um 7.30 Uhr fährt unser Zug nach Jaroslawl. Gott sei Dank haben wir sämtliche Fahr- und Reservierungsscheine schon in Deutschland erstanden – gar nicht dran zu denken, das jetzt und hier vor Ort bewerkstelligen zu müssen! Ein Strom aus Menschen ergießt sich hektisch in alle Gänge des Jaroslawer Bahnhofs. Es sind nur vier Stunden Fahrt. Zwischen den Sitzen in unserem Zug gibt es viel Platz und die riesige Ablage nimmt alles Gepäck auf. Fernseher unterhalten die von der Landschaft Gelangweilten. Etwa einmal pro Stunde erscheint eine Zeitungsverkäuferin oder eine Servicedame, die aus einem Einkaufswagen essbare Kleinigkeiten verkauft.

Gegenüber: Kilometer 0. Diese Gedenksäule markiert seit 2001 den Anfangspunkt der längsten Eisenbahnstrecke der Welt. Mit Daten scheint man es in Russland nicht so genau zu nehmen, denn die Gesamtstrecke wurde erst 1916 in Betrieb genommen.

Moskau zieht vorbei, noch lange nachdem ein Hollywoodfilm angefangen hat. An den zweiminütigen Zwischenstopps werden kurz die Türen geöffnet, der Großteil der Passagiere stürmt an die Luft, hält sich an der Wagentür fest und raucht. 286 Kilometer nördlich von Moskau erreichen wir schließlich Jaroslawl.

ТРАНССИБ
1901-2001

GEGENÜBER: Auf russisch werden die Schaffnerinnen »Provodniza« genannt, was so viel wie Begleiterin bedeutet – und das zu Recht: Die Provodnizas auf den Transsib-Zügen sehen sich als Gastgeberinnen, denen das Wohl der Fahrgäste sehr am Herzen liegt.

JAROSLAWL Die nette alte Dame, bei der wir die folgenden beiden Nächte verbringen werden, erwartet uns schon am Bahnsteig. Zur Begrüßung in ihrer einfachen, aber liebevoll eingerichteten Dreizimmerwohnung wird Tee serviert. Noch am selben Nachmittag holt uns Olga ab, die 17-jährige Enkelin unserer Gastgeberin, um uns die Stadt zu zeigen. Englisch ist ihr Lieblingsfach in der Schule gewesen und sie will unbedingt ins Ausland, weswegen sie Anglistik an der Universität studiert. »Alle meine Freunde wollen nach Westeuropa oder Amerika. Dort gibt es bessere Verdienstmöglichkeiten und es ist nicht so unsicher, was die berufliche Zukunft angeht«, verkündet sie selbstbewusst.

Wir spazieren durch den goldgelben Herbst, während Olga sich als ausgezeichneter Guide erweist. Jaroslawl, etwa 1 000 Jahre alt, ist eine der Städte des »Goldenen Rings«, des ehemaligen kulturellen Zentrums Russlands. Diese alten Städte liegen nordöstlich von Moskau und kürten noch zu Zeiten der »Kiewer Rus« die Hauptstadt Moskau zum politischen und kulturellen Herzen des Landes. Das Stadtwappen ist ein Bär. Prinz Jaroslawl der Weise hatte einst mit einem Bären um die Macht gerungen und gesiegt. Jetzt prangt der Verlierer dieser Auseinandersetzung auf Zuckertütchen, Zündholzbriefchen und Postkartenheftchen.

UNTEN: Rasante Begegnung mit einem Regionalzug. Auf den flachen westlichen Streckenabschnitten verkehren die Transsib-Züge mit über 100 Stundenkilometern.

Fahrt über die Wolga, mit 3 531 Kilometern Europas längster Fluss. Auf ihrer Fahrt gen Osten überbrückt die Transsibirische Eisenbahn drei der zehn mächtigsten Ströme der Erde, den Ob, den Irtysch und den Jenissej.

Durch seine Lage an der Wolga wurde Jaroslawl im 16. Jahrhundert ein wichtiger Handelsstützpunkt. Die Häuser des durch den Handel reich gewordenen Bürgertums prägen noch heute das Stadtbild. Kirchen und Klöster wurden größer angelegt als in Moskau und die Wohnarchitektur ist eigenwillig und zeugt von exotischen Einflüssen, die die Handelsleute aus fernen Ländern importierten. »1750 ist in Jaroslawl von Fjodor Wolkow die erste Schauspielbühne Russlands gegründet worden«, weiß Olga zu berichten, als wir den Vorplatz des Theaters passieren. In der ganzen Stadt verteilt begegnen uns immer wieder Hochzeitspaare mit Gefolge. Wir erleben die 630 000-Einwohner-Stadt als Hochzeiten-Hochburg. »Vor allem am bedeutendsten Bauwerk einer Stadt trifft man gehäuft auf Paare in Hochzeitstracht. Das ist in Russland typisch«, sagt Olga, als wir am Uhrenmuseum gleich fünf Bräute auf einmal ausmachen. Die Jugend trifft sich unter Lenins weisendem Finger am Truda-Platz. Weil es seit dem Ende des Sozialismus praktisch keine Jugendeinrichtungen mehr gibt, trifft man sich eben auf öffentlichen Plätzen.

Die Wolga fließt in majestätischer Breite von 1,4 Kilometern an Jaroslawl vorbei. Ein erhabener, aber ruhiger Strom, auf dem zahlreiche Schiffe unterwegs sind. Im Sommer kann man auf der Wolga Ausflüge unternehmen, zum Beispiel ins 70 Kilometer entfernte Kostroma mit dem berühmten Kloster Ipatewski Monastir, jetzt im Herbst verkehren nur die regulären Fähren. Olga zeigt uns die Prophet-Elias-Kirche aus dem 17. Jahrhundert, die einzigartige Kachelfresken zu bieten hat. Zwei reiche Juweliere haben die Kirche im Jahr 1647 in Auftrag gegeben. »Jaroslawl, das ist die schönste Stadt Russlands, weil es hier alles gibt. Den größten Fluss, die bedeutendsten Kirchen, das älteste Theater und genug Industrie«, erklärt die Frau an der Kasse der Kirche vorerst widerspruchslos. »Das sagt sie immer, weil sie weiß, dass die Touristen, die hier vorbeikommen, bisher nur Moskau gesehen haben«, flüstert Olga beim Hinausgehen.

In der Stadt fällt uns stechender Brandgeruch auf, als wir am nächsten Morgen zur Wolga aufbrechen. Nach einiger Zeit stoßen wir auf Laubhaufen, die mitten auf dem Bürgersteig ohne Aufsicht herunterbrennen. Wir haben noch Zeit, bis unser Schiff ablegt und so erkunden wir den mit Autoreifen übersäten Strand an der Wolga. Auf einem der Reifen liegen ein Handtuch und ein paar Sachen. Wenig später sehen wir die Handtuchbesitzerin im eisigen Fluss schwimmen. Die Außentemperatur liegt vielleicht bei 4 °C. »Ist das nicht sehr kalt jetzt?«, frage ich sie, als sie aus dem Wasser kommt. »Wenn man einmal drin ist, geht es. Das ist das Gesündeste, was man machen kann«, entgegnet die Schwimmerin lachend.

Unser Schiff ist ein öffentliches Verkehrsmittel, das am Samstagnachmittag von Datschabesitzern genutzt wird. Im Herbst werden regelmäßig die eingekellerten Schätze aus Eigenanbau aufgesucht und reduziert. Das Schiff füllt sich von Stopp zu Stopp, immer wieder steigen Menschen mit Beuteln und Blumen beladen, schnatternd und schwatzend an Bord. Es riecht nach feuchter Erde, Schweiß und nassen Blumen. Ich mache mir langsam Sorgen über die Maximallast des Schiffes – inzwischen herrscht drangvolle Enge an Bord. »Meine Äpfel sind dieses Jahr süß und rot, obwohl die Sonne nicht sehr viel geschienen hat. Ich kann nicht über die Ernte klagen. Wie waren deine Äpfel?«, will eine ältere Frau mit Kopftuch von ihrer Nachbarin wissen. Auch andere vergleichen die Qualität ihrer Ernte. Einige Frauen stricken, ein älterer Herr stimmt ein Liedchen an. Plötzlich wendet das Schiff, um auf der anderen Uferseite flussaufwärts Passagiere aufzunehmen. Die an den Halteplätzen hinauskletternden Menschen, mit Beuteln bepackt, aus denen Grünzeug und Gartenwerkzeug herauslugt, verschwinden in allen möglichen Richtungen im Wald. Das ist Russland hautnah.

Olga holt uns am nächsten Morgen ab. Vielleicht fährt sie im nächsten Sommer auf Studienreise nach Deutschland, erzählt sie uns. Von den Deutschen weiß sie von ihrer Großmutter, dass sie »viel arbeiten, immer pünktlich sind und früh aufstehen«. In Anbetracht der Tatsache, dass wir Zeit zum Reisen haben und erst gegen 10.00 Uhr frühstücken, muss sie große Stücke auf ihre Großmutter halten.

Folgende Doppelseite:
Die Birkenwälder der russischen Taiga im milchig-weißen Dämmerlicht zwischen Tag und Traum.

Transssib-TV: Das Programm ist mitunter nicht sehr abwechslungsreich, umschalten geht nicht.

Die nächsten zweieinhalb Tage oder 2300 Kilometer verbringen wir wieder auf drei Quadratmetern, auf den »Fensterkanal« und ein Radiodauerprogramm reduziert. Schwitzend – teils vor Anstrengung, teils aus Angst, weil wir uns nicht vorstellen können, dass das Gepäck aller vier Passagiere im Abteil unterkommt – sitzen wir auf einer der unteren Bettkanten, als sich ein kurzer Streit mit unseren Bettnachbarn anbahnt. Anlass ist die Platzverteilung. Die unteren Bettplätze sind für uns reserviert. Man kann aus dem Fenster sehen und hat genügend Licht zum Lesen und Schreiben. Obwohl jeder Platzkarten hat, scheint es einen Kampf außerhalb des Einzugsbereiches der Waggonverantwortlichen und Papierbelege zu geben. Wir gewinnen vorerst. Mit Zugeständnissen in Sachen Gepäckverstauung und zwei Flaschen Bier mildern wir die Niederlage der Gegenpartei. Nachts steigt die Temperatur auf Saunaniveau. Da ich nicht schlafen kann, betrachte ich die dunkle, bewaldete Landschaft, die am Zugfenster vorbeizieht. Noch sind wir auf europäischem Boden, in drei Tagen werden wir schon mitten in Sibirien sein. Durch müde Augen beobachte ich an den Bahnhöfen Unmengen von Menschen neben Unmengen an Gepäck, alles ist in Dampf getaucht. Irgendwann wird man schließlich doch in den Schlaf geschaukelt – und weiß nicht, wo man morgens aufwacht.

Um 6.30 Uhr Moskauer Zeit beginnt der Morgen zu dämmern und ich gebe die Hoffnung nicht auf, eine geöffnete Toilette zu finden. 20 Minuten vor und nach Einfahrt in einen größeren Bahnhof und während des Aufenthalts sind die Sanitäranlagen geschlossen. Im Korridor hängt der Zugfahrplan. Sobald sich ein längerer Aufenthalt ankündigt, sammeln sich leger gekleidete Männer und Frauen im Gang.

Gleich an der Tür zum Waschraum werde ich von einem gut aussehenden Transsib-Beamten abgefangen. Er schließt gerade zu. »Hast du Lust auf einen Kaffee?«, fragt Alexej. In Badesandalen und gerade aus dem Bett gekrochen, finde ich mich im Abteil für die Bahnleute ein. Sein Kollege Michael deckt gerade den kleinen Tisch. Sie wollen alles über deutsche Literatur, das Bildungswesen und die Politik wissen, während wir ausgedehnt frühstücken. Sie sind zuständig für unseren Waggon und wechseln sich in zwei Schichten ab. Wenn einmal nichts zu tun ist, spielen sie Karten oder lesen ein Buch. Jeder Waggon hat mindestens zwei Verantwortliche, die Kohle nachlegen, Abteile und Flure saugen, Teewasser im Samowar nachfüllen und Süßigkeiten verkaufen. Sie sind auch da, um Fragen zu beantworten –, zumindest jene, die sie beantworten wollen. Alle zwei-

Ein Samowar gehört zum unverzichtbaren Inventar aller Transsib-Züge. Den Reisenden steht Teekonzentrat zur Verfügung, das man mit kochend heißem Wasser aus dem Samowar auffüllt. Seit es auch in Russland Tee im Beutel gibt, sind die meisten Reisenden mit Teebeuteln ausgerüstet.

Folgende Doppelseite
In der kohlebefeuerten Bordküche werden von 9 bis 21 Uhr durchgehend Speisen zubereitet. Im Winter ist es hier angenehm mollig, im Sommer, wenn es in Westsibirien heißer sein kann als in Spanien, ist die Arbeit alles andere als ein Traumjob. Frische Vorräte ordert der Küchenchef per Funk. Sie werden am nächsten Bahnhof bereitgestellt.

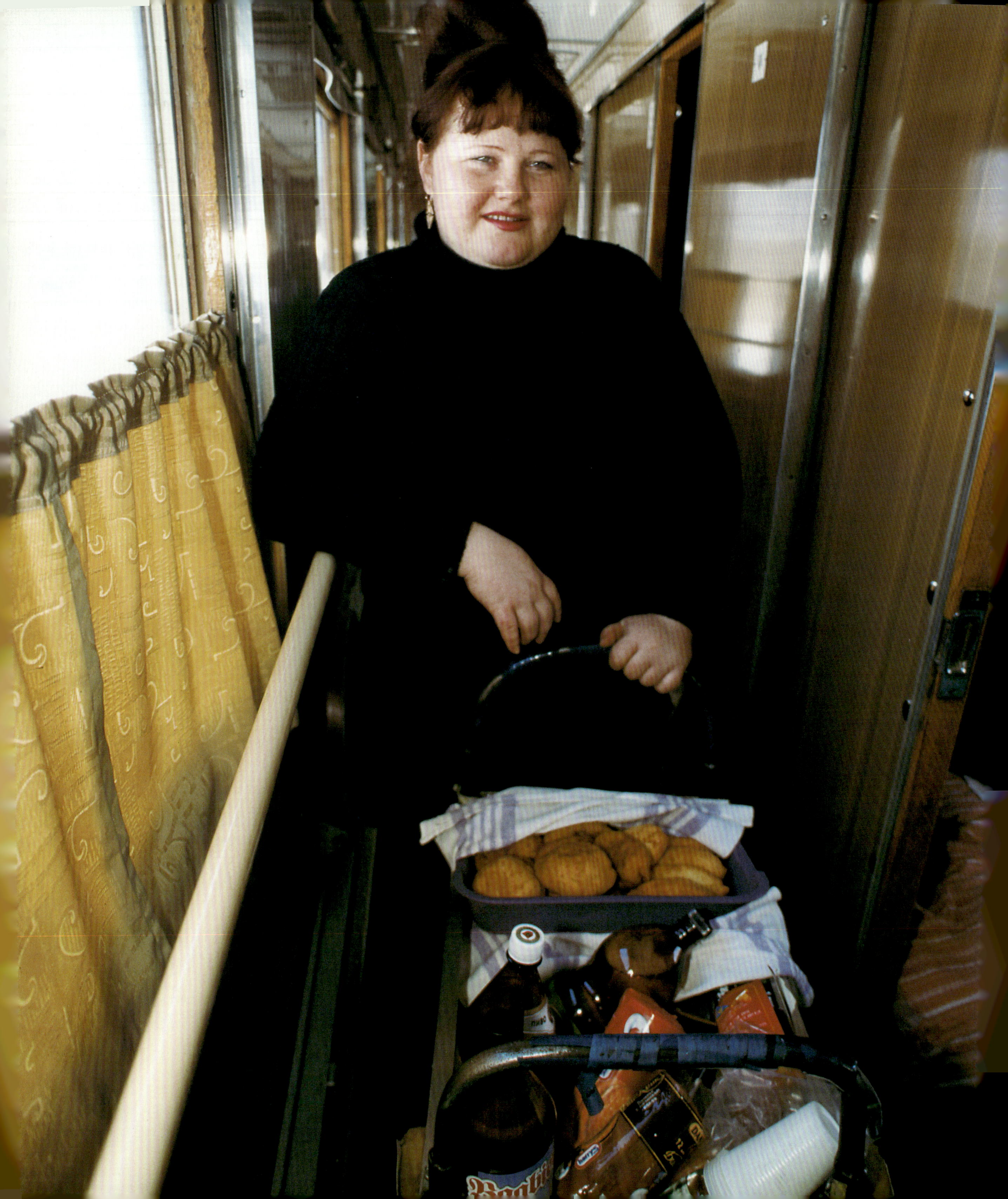

Links:
Transsib: »Minibar«.

Deutsche Reisegruppe beim Russisch-Crash-Kurs.

einhalb Wochen fahren sie die Strecke von Moskau nach Tschita und zurück: Zehn Tage arbeiten, zehn Tage frei. »Manchmal ist es ganz schön langweilig. Man kann zwischendurch halt nicht mal spazieren gehen oder einkaufen. Die ganze Zeit ist man im Zug. Aber ich mag meinen Beruf. Wo sonst trifft man so viele Menschen, hört so viele Geschichten?«, berichtet Alexej. Michael ergänzt: »Die Bahn ist immer noch das meist genutzte Reiseverkehrsmittel in Russland. Fliegen ist so teuer und es gibt nicht überall Flughäfen, deswegen fahren alle nach wie vor mit der Transsib. Wenn ich wegfahren könnte, würde ich nach Südeuropa fahren. Mit dem Zug!« Am nächsten Haltebahnhof zeigt mir Alexej, wann man Kohle nachlegen muss und wo man außen den Waggon überprüft.

Leckereien am Bahnsteig.

Zurück in meinem Abteil begrüße ich unsere Mitreisende. Der vierte Fahrgast muss nachts verschwunden sein. Irina Iwanowna stellt sich freundlich vor. Sie bietet Äpfel und Nüsse an. Rückzug ist unmöglich, wohin auch? In dem kleinen Raum herrschen eigene Regeln. Teilen und Rücksichtnahme sind oberstes Gebot.

An den ersehnten Stopps werden hauptsächlich die Lebensmittelvorräte aufgefrischt. Leute verschiedenen Alters, meist Frauen, verkaufen in Zeitungspapier gewickelte Piroggen, Kartoffeln, Brot, Äpfel und natürlich Bier. Warme Speisen sind in Kinderwägen oder Taschen gepackt, wo sie mit Wärmflaschen geschützt werden. »Piroggen mit Kraut, gekochte Kartoffeln, frisches Gemüse, Zwiebelfleisch. 3 Rubel«, rufen alle durcheinander. Wenn eine Händlerin alles verkauft hat, geht sie zu ihrer Nachbarin, holt sich Nachschub und verkauft für sie mit.

Im Zug ist es gemütlich warm. Draußen ziehen Siedlungen mit Holzhäusern und Gärten vorbei. Ziegen und Kühe laufen auf den vom Regen schlammigen Wegen frei herum, nirgends ein Auto oder eine asphaltierte Straße. Wenn ein Zug am Fenster vorbeifährt, dauert es manchmal Minuten, bis er zu Ende ist. Langsam wird es kompliziert mit der Zeitumstellung, denn die Transsib verkehrt vom Anfang bis zum Ende nach Moskauer Zeit. Viele gehen zu Alexej und Michael, um nachzufragen. Manche bleiben auch gleich in deren Abteil, spielen eine Partie Karten mit oder tauschen Neuigkeiten aus.

Irina, unsere Abteilgenossin, wirkt zunehmend bekümmerter und verbreitet nur noch Schreckensmeldungen: »Tschita ist die Endstation des Zuges. Die Stadt bevölkern Banditen und Kriminelle. Und es wird auch noch Uran abgebaut. Deswegen gibt es da ein großes Gefängnis, das als Arbeitslager fungiert. Keine gute Stadt«, meint sie verächtlich.

Im Zug geht es ruhig und gelassen zu. Gelegentlich begibt man sich zum Samowar im Flur und macht sich Tee oder Suppe. Die meisten schlafen oder lesen, auch Kreuzworträtsel sind beliebt. Ab und zu versuche ich ein Foto aus dem Fenster zu schießen. Die Motive variieren zwischen Rauch aus einer der vorbeiziehenden Hütten und Birkenstämmen. Die nächste größere Stadt ist eine Tagesreise entfernt.

Auch die Transsib fährt längst nicht mehr unter Dampf. Hier wird Kohle für die Waggonheizung, für die Küche und die Samoware gebunkert.

Eine Datschensiedlung in der Abendsonne. Die Datschen sind für die Lebensmittelversorgung Russlands unverzichtbar. Sie liefern 90 Prozent des Gemüses und Obstes.

Man kommt sich ein wenig vor wie in einem Kurheim, wenn man länger auf dem Flur verweilt oder durch den Zug streift. Pantoffel- und Jogginganzugträger spielen Karten auf gemachten Betten. Aus der Hosentasche lugt ein benutztes Taschentuch und ein Haarkamm hervor. Leise gedämpfte Musik dringt aus den Abteilen. Je nach Tageszeit kann man unterschiedlichen Radioprogrammen lauschen. Die Türen zu den Abteilen stehen meistens offen. Hier und da sieht man auch Fahrgäste, die sich Schach spielend gegenübersitzen.

Perm zieht an uns vorbei: Hochhäuser, Industrietürme und Garagen prägen das Bild. Der Zug überquert den Ural auf 450 Metern Meereshöhe, man bemerkt das auf Landkarten wie eine Gebirgsmauer wirkende, 2 500 Kilometer lange Bergmassiv infolgedessen kaum. Dasselbe gilt leider für den Grenzstein zwischen Europa und Asien, den wir bei Kilometer 1 777 passieren. Die Luxuszüge fahren hier extra langsam, damit die Insassen ein Foto schießen können, für uns muss die Beschreibung aus dem Reiseführer genügen. Der Ural hüllt sich in dichten Nebel, weite weiche Wiesen mit Sumpfland. Eine alte Frau geht mit Ziegen spazieren.

JEKATERINBURG Ortszeit 18.52 Uhr. Wir erreichen Jekaterinburg, das »Fenster nach Asien«. Metaphorisch gesprochen sind wir durch das Tor nach Sibirien gefahren und sitzen jetzt am Fenster nach Asien. Seit Jahrtausenden werden in dieser Gegend Metalle und Edelsteine gewonnen. Im 18. und 19. Jahrhundert brach in Jekaterinburg ein wahrer Goldrausch aus, darüber hinaus fand man Diamanten und andere Edelsteine. In diesem »Goldenen Zeitalter« entstanden Prunkvillen, Paläste und Kathedralen, Letztere in sakraler wie auch profaner kapitalistischer Ausprägung.

Von den prachtvollen Bankgebäuden mit ihren reich verzierten Fassaden hat keines die Oktoberrevolution von 1917 und den anschließenden Niedergang der Stadt überlebt. 1918 wurde hier der letzte Zar der Romanow-Familie mit seiner Familie brutal von den

Jekaterinburg, am Bahnhof.

Bolschewiken ermordet. Von 1924 bis 1990 hieß die Stadt Swerdlowsk, benannt nach Jakob Swerdlow, dem Revolutionsgefährten Lenins. In den 1930er Jahren wurde die Stadt quasi neu errichtet und in großem Stil erweitert mit Fabriken, Instituten und Wohnblocks. Heute ist sie mit 1,5 Millionen Einwohnern die viertgrößte Stadt Russlands. 212 Fabriken, die man im Westen des Landes abgebaut hatte, damit sie nicht der vorrückenden Wehrmacht in die Hände fielen, wurden 1941 hier wieder aufgebaut, um die Front zu versorgen. Der bekannteste Jekaterinburger dürfte Boris Jelzin sein, auch wenn er streng genommen 200 Kilometer östlich der Stadt in einem Dorf geboren wurde. Sein Werdegang ist bekannt: Nach dem Studium an der TU Jekaterinburg und dem Eintritt in die KP wurde er nach Moskau berufen, wo er zunächst das Amt des Bürgermeisters bekleidete, bevor er 1993 Präsident Russlands wurde.

Der nächste 15-Minuten-Stopp verläuft ereignisreich im Vergleich zur Ruhe im Zug. Auf dem Bahnsteig hat sich eine kleine Stadt aus Kiosken und Babuschkas gebildet, die nur von den Bedürfnissen Reisender leben, die für 15 Minuten ihren Boden betreten. Reisende hasten nach draußen, kaufen Bier, so viel sie tragen können, und Brot, so viel noch übrig ist. Unter den Insassen jedes Abteils herrscht inzwischen perfekte Arbeitsteilung, jeder besorgt etwas anderes. Einige joggen am Zug entlang. Wir rauchen draußen, die eine Hand am Waggon, mit Andrej und anderen eine Zigarette.

Im Zug ist es mittlerweile unangenehm heiß. Kein Fenster lässt sich öffnen, nur die Spalten in den kleinen Raucherabteilen am Ende jedes Waggons sorgen für Frischluft. Beim Lesen von Gerd Ruges *Sibirisches Tagebuch* überkommt mich ein ähnliches Gefühl wie bei der Lektüre von *Beim Bau der Chinesischen Mauer* von Franz Kafka. Die Passage über die Baikal-Amur-Magistrale erzeugt diese Stimmung. 1975 unter Breschnjew fertig gestellt, verkörperte sie den Traum vom blühenden Sibirien. Sie wurde ebenso strategisch geplant und von verschiedenen Richtungen aus begonnen wie die Transsibirische Linie knapp ein Jahrhundert zuvor. Es gab ebenfalls Vortrupps, die mit ihren Familien im zukünftigen Baugebiet siedelten. Zwei Mythen kreuzen sich hier. Auch dass die Russen in Asien nichts oder nur sehr wenig von der Politik im europäischen Moskau oder von ihrem »Kaiser« wissen, stimmt mit der Erzählung Kafkas überein. Das Letzte, was ich an diesem Abend höre, ist, wie Irina Iwanowna ihre Armbanduhr aufzieht.

Jekaterinburg und das

Ende der Romanows

Ein schlichtes Holzkreuz erinnert heute an den Ort des Massakers. Es sind jedoch Bestrebungen im Gange, eine würdigere Gedenkstätte zu errichten.

Es war kurz vor Mitternacht des 17. Juli 1918, als im sibirischen Jekaterinburg die Zarenfamilie geweckt wurde. Unter dem Vorwand einer Sicherheitsmaßnahme wurden die Gefangenen in den Keller des Ipatjew-Hauses gebracht, in dem sie die letzten 78 Tage verbracht hatten: Ex-Kaiser Nikolaus II. trug seinen Sohn Alexej auf dem Arm. Ihm folgten Ex-Kaiserin Alexandra mit den vier Töchtern Olga, Tatjana, Maria und Anastasia, die ihren Schoßhund an sich gepresst hielt. Begleitet wurden sie von ihren Mitgefangenen, dem Arzt Dr. Jewgeni Botkin, dem Leibdiener Alexej Trupp, der Zofe Anna Demidowa und dem Koch Iwan Charitonow. Der Kommandant der Wachmannschaft ließ die elf Gefangenen in zwei Reihen antreten. Kurz darauf betraten elf bewaffnete Männer den Raum. Der Kommandant eröffnete dem 50-jährigen Ex-Kaiser, dass der Ural-Gebietssowjet beschlossen habe, sie zu erschießen, und schoss ihm direkt ins Herz. Das folgende Blutbad erschütterte die Welt und setzte der über 300 Jahre dauernden Herrschaft der Familie Romanow ein grausiges Ende.

Die Zarendynastie
Die Dynastie der Romanow herrschte seit 1613 über Russland. Ihr wichtigster Vertreter – Zar Peter der Große – war es, der Jekaterinburg gründete und es nach seiner zweiten Frau benannte. Nikolaus II. bestieg 1894 den russischen Thron, im selben Jahr heiratete er seine Cousine Alexandra, eine deutsche Prinzessin aus dem Hause Hessen. Nikolaus setzte die autokratische Herrschaftsweise seiner Vorgänger fort. In Ermangelung eigener Führungsqualitäten vertraute er in hohem Maße dem Rat seiner Gattin und ließ sich von ihrem Hang zum Mystizismus beeinflussen, der Gestalten wie dem Mönch Rasputin bei Hof Tür und Tor öffnete. Im Ersten Weltkrieg geriet das Ansehen der Zarenfamilie weiter in Misskredit. Man machte den Zaren für die militärischen Niederlagen verantwortlich. Im März 1917 schlug die Opposition gegen das zaristische Regime und den Krieg in Revolution um und der Zar sah sich zur Abdankung gezwungen.

Oktoberrevolution

Als im Oktober 1917 die Bolschewisten unter Lenin die Macht ergriffen, wurden der Zar und seine Familie nach Sibirien verbannt, zuerst nach Tobolsk, dann nach Jekaterinburg.

Was genau nach dem Massaker im Ipatjew-Haus mit den Leichen der Zarenfamilie und ihrer Dienerschaft geschah, ist bis heute unklar. Der neuen Regierung war daran gelegen, die Ereignisse zu verschleiern, allein den Mord am Zaren gab man öffentlich bekannt. Es ist anzunehmen, dass die Leichen zunächst in einen alten Schacht nahe der Stadt geworfen wurden. Als man jedoch bemerkte, dass das Blutbad an den Romanows mehr Aufsehen auf sich zog, als gedacht, wurden die Leichen wieder aus dem Schacht geborgen und in einem weiter entfernten Grab verscharrt. Um die Identifizierung zu erschweren, übergoss man die Leichen mit Schwefelsäure und legte Eisenbahnschienen über die Grabstelle. Zwei der Leichname wurden Berichten zufolge getrennt von den anderen verbrannt.

Erst 1979 gelang es russischen Amateur-Archäologen das Massengrab zu entdecken. Allerdings war es erst das Ende der Sowjetunion, das 1991 die Exhumierung der Leichen ermöglichte. Es begann die wohl aufwändigste Untersuchung in der Geschichte der Gerichtsmedizin: Wissenschaftler aus Russland, Großbritannien und den USA versuchten die Gebeine zu identifizieren. Mitte der 1990er Jahre kam man überein, dass es sich bei den aus dem Grab geborgenen Gebeinen »mit 99-prozentiger Sicherheit« um die Überreste der Zarenfamilie handelte. Endgültige Sicherheit brachten DNS-Analysen, die mit Blutproben von Mitgliedern des europäischen Hochadels und Nachkommen der Romanows verglichen wurden.

Der Anastasia-Kult

Die Leichen des Zarewitsch und einer seiner Schwestern – nach unterschiedlichen Einschätzungen jene Marias oder Anastasias – blieben aber weiterhin unauffindbar.

Dies ist deshalb bemerkenswert, da nach dem Verschwinden der Zarenfamilie immer wieder Personen auftauchten, die behaupteten, eines der überlebenden Kinder des letzten Zaren zu sein. Abseits von allen Prätendenten stand eine Frau, deren wirkliche Identität – sie gab vor, Großfürstin Anastasia zu sein – von ihrem Auftauchen 1920 in Berlin bis zu ihrem Tod 1984 in den USA nicht geklärt werden konnte. Das Mysterium um Anastasia war eines der großen Geheimnisse des 20. Jahrhunderts. Ihr Fall beschäftigte deutsche Gerichte länger als jeder andere. Als Anna Anderson sollte diese Frau in die Geschichte eingehen. DNS-Tests nach ihrem Tod ergaben jedoch, dass es sich um eine Hochstaplerin handelte.

1998 fanden die Überreste der Romanows ihre letzte Ruhestätte in der Familiengruft der Sankt-Peter-und-Pauls-Kathedrale in St. Petersburg. Boris Jelzin neigte »sein Haupt vor den schuldlosen Opfern«. Zwei Jahre später sprach die russisch-orthodoxe Kirche Nikolaus II. und seine Familie heilig.

Christian Sepp

Weiße, kahle Birkenleichen ziehen vorüber, Saatkrähen und helle Löcher am dunklen Horizont kündigen den Morgen an – Sonnenaufgang in Sibirien. Eine weiße, von Reif benetzte weite Fläche, auf der in weiter Ferne Türme und Strommasten wie Soldaten stehen, breitet sich aus. Obwohl man die Zeit nicht mehr wahrnimmt, bemerkt man, wie doch alles seinen Rhythmus hat. Die Sonne geht auf und kleine Wasserlöcher glitzern wie Edelsteine im Sonnenlicht. Die schneeweißen Birkenstämme und das goldgelbe Herbstlaub lassen mich das Zeitalter der Romantik nachempfinden. Hier leben sie, die Fabelwesen, die Zwittergötter, die Feenträumer der russischen Märchen. Eine kleine Holzhütte im Wald – hier könnte die Hexe Babayaga wohnen. Allerdings bewegen wir uns in Richtung der aufgehenden Sonne und holen die Zeit ein.

Vereinzelt sieht man eine Kuh, eine alte Frau mit Kopftuch und Sense mitten im Nichts, nur ein altes Motorrad scheint sie mit der bewohnten Welt zu verbinden, und wieder Birkenwälder. Sehr selten taucht eine Siedlung auf. Irina Iwanowna unterhält uns derweil mit ihrer Lebensgeschichte: Sie arbeitet beim Tribunal und muss deshalb ab und zu nach Moskau. »Eigentlich hat das Ministerium ja Geld. Aber fliegen dürfen nur die

Nächtlicher Zwischenstopp in Tjumen.

Der Bahnhof von Omsk. Kohle-, Reifen- und Raumfahrtindustrie und das größte Kornsilo Sibiriens sorgen dafür, dass die Strecke Omsk-Nowosibirsk die dichtest befahrene Güterverkehrsstrecke der Welt sein soll. Auch ein anderes Produkt, dem man auf Schritt und Tritt begegnet, stammt aus Omsk: »Sibirskaja Korona«, das bekannteste Bier Sibiriens.

Obersten in der Hierarchie«, meint sie missmutig. »So fahre ich viermal im Jahr acht Tage nur hin und her.« Sie bepackt uns mit Äpfeln und Nüssen von ihrer 91-jährigen ukrainischen Mutter und schmuggelt uns Zucker in den Tee, während sie erzählt. Der Gesprächsverlauf ist mitunter schwierig, weil sie spricht, gleichzeitig auf eine Zeitung kritzelt, um das Gesagte zu illustrieren, und dazu wild gestikuliert. Mit gesenkter Stimme entschuldigt sie sich zudem – als wäre es ihr Fehler – für den unsauberen Zug: »Das Personal schläft die ganze Zeit, es gibt nicht mal Plastikblumenschmuck, und Tee bringt einem auch keiner!«

OMSK

13.38 Uhr Ortszeit. Wir erreichen Omsk. Die Uhren auf dem Bahnhof zeigen Moskauer Zeit, 10.38 Uhr, wie auf allen Bahnhöfen des Landes. Ein praktisches und absurdes Phänomen zugleich, das in einem Land mit sieben Zeitzonen durchaus Sinn macht. Auch auf allen Zugtickets, die es in Russland zu kaufen gibt, ist die Zeit der Hauptstadt angegeben. Omsk ist wahrscheinlich auch «keine gute Stadt«, weil uns Irina Iwanowna mehrmals davor warnt, von der Hauptstraße abzubiegen.

Sechs Stunden Aufenthalt haben wir in Omsk. Eine Stunde davon verbringen wir in der Gepäckannahmestelle bei Oleg. Oleg betreut ein riesiges Lager, in dem Gepäck- und Frachtstücke bis unter die Decke gestapelt sind. Wir geben ihm vorsichtshalber Trinkgeld. Dafür können wir uns den Platz selbst aussuchen. »Oleg!«, hallt eine Frauenstimme durch die Lagerräume. Eine Frau mit Kopftuch kommt mit einer Tüte Piroggen und einer Zeitung vorbei. »Das ist meine Frau. Sie arbeitet für die Stadt. Viel zu tun«, erklärt Oleg, als sie eilig wieder verschwindet. Auf herumliegenden Koffern, deren Besitzer wohl kein Trinkgeld parat hatten, teilt er mit uns sein Mahl, bevor wir in die Stadt aufbrechen.

Lenin begrüßt uns diesmal auf dem Bahnhofsvorplatz mit wehendem Mantel. Omsk, über eine Million Einwohner zählend, liegt am Ufer des Irtysch und der Om. Nach Nowosibirsk ist es die zweitgrößte Stadt Sibiriens. Fjodor Dostojewskij war in den 1850er-Jahren nach Omsk verbannt worden. Er berichtet darüber eindrucksvoll in den *Aufzeichnungen aus einem Totenhaus*. Als Zentrum des militärisch-industriellen Kom-

Spielende Kinder in einem Omsker Wohnbezirk.

Auf diesem Markt in Barnaul, südlich von Nowosibirsk kann von Mangelwirtschaft keine Rede sein.

plexes war auch Omsk bis in die 1990er-Jahre hinein eine »geschlossene Stadt« und für Ausländer verboten.

Wenn Jaroslawl die »Stadt der Hochzeiten« war, so begegnet uns Omsk als »Stadt der verlassenen Spielplätze«. Auf dem Stadtplan ist Omsk in Raster aufgeteilt, und auch in Wirklichkeit ist die Stadt sehr schematisch gestaltet. Das Prinzip Straße, Wohnblockcarré, Spielplatz und wieder Straße wird zumindest in den Wohnsiedlungen durchgehalten. Die Spielplätze sehen aus wie heruntergekommene Skulpturenparks. Vor den Wohnblockeinheiten sind kleine Gemüsebeete angelegt. Dieses Stadtbild begleitet uns bis zum Ufer des Irtysch. Jugendliche hängen auf den betonierten Ufertreppen herum, trinken, reden und unterhalten sich mit Brettspielen. Angler nutzen die herumliegenden Autoreifen als Sitzplätze. Omsk ist eine leise, leere, fast tote Stadt – bis auf den Bahnhof, der durch die Transsib pulsiert.

Auf der Suche nach einem Imbiss gelangen wir auf einen Wochenmarkt. Vergilbte Zeitungen pflastern träge die engen Kieswege zwischen Modeschmuckverkäufern, Kleiderstangen und Hühnerkäfigen. Riesige Berge von Möbeln, Kisten und Teppichen sind überall turmhoch aufgestapelt. Wir folgen dem Duft von Gebratenem durch die labyrinthähnlichen Gänge, bis wir ein offenes Feuer auf einem zwei Quadratmeter großen Grill lodern sehen. Hinter dem Grill wacht ein kleiner dicker Mann. »Schaschlik« steht in kritzeliger Handschrift auf einem Pappschild vor dem Grill. In kurzen Abständen ruft der Grillchef durchdringend für alle, die nicht in unmittelbarer Nähe sind, aus, was man erwerben kann. Wilde Gestalten, die Fleischspieße in sich hineinstopfen, belagern die Tische. Das scheint eindeutig eine Ecke zu sein, in die man sich eher verirrt, als nach ihr gesucht zu haben. Der Grillchef winkt uns aufgeregt zu: »Hunger? Setzt euch! In 15 Minuten ist es fertig. Wollt ihr Bier? Ich mache das beste Schaschlik. Könnt jeden fragen.« Er zerrt uns auf eine Bank und deutet bei »könnt jeden fragen« mit einer weitläufigen Geste auf die neugierig blickenden Stammkunden. Mit den Worten »Lieber

Limonade, vielen Dank« gehören wir dazu. Die gelangweilte Bedienung fegt leere Pappteller auf den Boden und serviert uns Limonade in zwei Plastikbechern. Der Grillchef gesellt sich augenzwinkernd mit zwei Flaschen Bier hinzu. Seine zahnlose Freude über die fremden Gäste geht unmerklich in offene Neugier über. »Wo kommt ihr her? Wie lange bleibt ihr? Wo wohnt ihr? Seid ihr allein? Wie alt? Wohin unterwegs?«, immer unterbrochen von kurzen Antworten unsererseits fragt er drauflos. Bei »Wo ist euer Gepäck?« werde ich vorsichtig. Ich versuche etwas weniger freundlich zu lächeln. Außerdem, so lautet unsere Erklärung jetzt, befinden wir uns auf einer Reise zu Verwandten in Ostsibirien.

Zugehörigkeitsgefühl vortäuschen und auf Distanz gehen, denke ich, als es heißt: »Kommt doch mit zu mir. Ich zeige euch mein Haus. Wir trinken Wodka und ich werde russisches Essen kochen. Kommt ihr mit?« Da ist sie also, die Frage, auf die in allen Reiseführern für Einzelreisende hingewiesen und von deren positiver Beantwortung dringlichst abgeraten wird. Wir seien doch sicher müde nach der Zugfahrt und wollten uns ausruhen. Wir seien doch Freunde. Ich bleibe standfest und antworte mit einem höflichen, aber bestimmten »Nein«, dazu biete ich Zigaretten an. Das Schaschlik ist fantastisch. In die dunkle Ecke des Marktplatzes dringt die Herbstsonne. Iwan, der Grillchef, ist glücklich.

Wir verabschieden uns von Iwan, der, wie uns immer klarer wird, betrunken ist. Ein netter Kerl, der vielleicht nicht lesen, aber gutes Schaschlik machen kann und noch nie einen Ausländer bewirten durfte. »Bis zum nächsten Mal«, ruft er uns nach. Wir machen

UNTEN LINKS:
Auf dem Nowosibirsker Hauptmarkt werden vor allem regionale Produkte angeboten.

UNTEN RECHTS:
Mittagspause im Park.

Vor dem Bahnhof von Nowosibirsk. Die Bewohner der Stadt können sich vergleichsweise vieler Sonnentage erfreuen. Selbst im Januar, wenn die Temperatur im Mittel auf –20 °C sinkt, scheint oft die Sonne.

uns wieder Richtung Bahnhof und Oleg auf. Er freut sich darüber, dass wir ihm Eis mitbringen. Unser Gepäck ist gut verwahrt und noch genau dort, wo wir es abgelegt haben. Wir besteigen wieder einen Zug und fahren in die sibirische Nacht hinein. Zeitig am nächsten Morgen rollt der Zug auf dem Bahnhof von Nowosibirsk ein.

NOWOSIBIRSK

Nowosibirsk, die »Neue Stadt in Sibirien« empfängt uns mit einem strahlenden Herbstmorgen. Die 1893 im Zuge des Baus der Transsibirischen Eisenbahn gegründete Stadt trug ursprünglich den Namen Alexandrow, 1926 erhielt sie ihren heutigen Namen. Nur 70 Jahre nach der Gründung erreichte die Einwohnerzahl die Millionengrenze, woran man ermessen kann, welche Bedeutung die Bahnlinie für die Erschließung des russischen Ostens hatte. Gerne werden auch Vergleiche mit anderen Metropolen herangezogen: Chicago brauchte 85, New York 200 und Moskau 700 Jahre, um eine Millionenstadt zu werden. Die Zahl von 1,5 Millionen Einwohnern, die gerne in Reiseführern genannt wird, erreichte Nowosibirsk nie und seit 1991 gehen die Einwohnerzahlen, wie in Russland im Allgemeinen – und in Sibirien im Besonderen – zurück.

Infolge des für Städte zarten Alters von gerade einmal 100 Jahren ist das Stadtbild von Nowosibirsk von sozialistisch-funktionalen Gebäuden geprägt, die in den 1950er- und 1960er-Jahren entstanden. Die Silhouette des Anfang der 1940er-Jahre fertig gestellten Hauptbahnhofs zum Beispiel ist einer Lokomotive nachempfunden, allerdings braucht es schon eine gehörige Portion Fantasie um diese Formgebung zu erkennen. Nowosibirsk ist von Handel und Industrie geprägt, der wichtigste Verkehrsknotenpunkt Sibiriens und mit seinen 14 Hochschulen, der Universität und 20 Forschungszentren ein bedeutender Bildungsstandort. Allerdings traf die Wirtschaftsmisere der 1990er Nowosibirsk unter allen sibirischen Städten am härtesten, vor allem weil die lukrativen Rüstungsaufträge ausblieben. Seit Jahren ist nun von Konversion die Rede und erste Erfolge konnten schon verbucht werden. Nach wie vor wichtig ist der Hafen der Stadt am Ob, ein Um-

Folgende Doppelseite: Bahnhof von Nowosibirsk, Wartehalle. Warten ist in Russland eine Tugend, umso leichter fällt es in einer derart stilvollen Umgebung. Der größte aller Bahnhöfe an der Transsib wurde 1941 im Stil der Jahrhundertwende errichtet.

ВОСТОК

Zugkontrolleurin im Nowosibirsker Bahnhof.

schlagplatz, über den die vielfältigen Agrarerzeugnisse der Region Nowosibirsk in alle Teile Russlands verschifft werden.

Ein Forschungszentrum der ganz besonderen Art ist das international bekannte Akademikerstädtchen Akademgorodok in den südlichen Ausläufern der Stadt. 1957 gegründet, beherbergte es zu seinen besten Zeiten bis zu 70 000 Einwohner, unter ihnen die Koryphäen des sowjetischen Wissenschaftsbetriebs. Letzteren stellte man hübsche kleine Einfamilienhäuschen im Grünen zur Verfügung, die heute zu den begehrtesten Objekten auf dem Nowosibirsker Immobilienmarkt zählen. Viele der 14 Institute von Akademgorodok sind wegen des akuten Geldmangels der russischen Wissenschaft mehr oder weniger verwaist und die Spitzenleute haben heute gut bezahlte Jobs in Amerika und Westeuropa.

Gegenüber:
Auf 6,7 Milliarden Tonnen schätzt man die sibirischen Erdölreserven.

Von den Sorgen und Nöten der Nowosibirsker haben wir nicht viel bemerkt, als wir die Stadt spätabends wieder verlassen. Bei uns hat sie eher den Eindruck einer jungen, dynamischen Metropole hinterlassen.

Steckbrief

SIBIRIEN

Sibirien erstreckt sich über eine Fläche von zehn Millionen Quadratkilometern, dies entspricht gut 56 Prozent der Fläche Russlands.

Rohstoffreichtum

Auf Sibiriens Rohstoffreichtum beruht die Bedeutung Russlands als Industrienation. Ohne Brennstoff aus Sibirien, d.h. Erdöl und Erdgas von der Halbinsel Jamal und den sumpfigen Weiten Westsibiriens, Kohle aus dem Kusnezker Becken und Jakutien, Strom aus den Bratsker Turbinen, würden die Hütten-, Stahl- und Aluminiumwerke des Landes still stehen und die Lichter in weiten Teilen Europas ausgehen. Hinzu kommen die verschiedensten Erze vom Alatau im Süden bis Norlisk im Norden.

In Sibirien trifft der imperiale Anspruch Russlands auf die harte Realität eines Halbkontinents, dessen Erschließung von Wirtschaftsstrategen gefordert, von Ingenieuren geleistet und – so scheint es – von der Natur bezahlt wird.

Geografie

Geografen teilen Sibirien in drei Großräume. Als »Westsibirien« bezeichnet man das Tiefland zwischen Ural und Jenissej. Unter seiner überwiegend sumpfigen Oberfläche lagern mit die reichsten Erdöl- und Erdgasvorkommen der Welt, insgesamt 6,7 Milliarden Tonnen bzw. 50 Billionen Kubikmeter. Für die Öl- und Gasförderung wird eine gigantische Umweltzerstörung in Kauf genommen, die die Natur und die Lebensgrundlagen der traditionellen Bewohner gleichermaßen bedroht.

Zum »Mittelsibirischen Bergland« zählt man das Gebiet westlich des Jenissej bis zur Lena im Osten, nahezu ein Drittel der Gesamtfläche der russischen Föderation. Westsibirien weist innerhalb eines Jahres Klimaextreme von bis zu 100 °C auf, mit Sommern, in denen bis zu 40 °C erreicht werden, und Wintern, in denen das Quecksilber bis –60 °C fallen kann.

An Westsibirien schließt sich der 2 500–3 000 Meter hoch gelegene »Russische Ferne Osten« an, der von der Lena im Westen bis zur Beringsee reicht. Auch die Halbinsel Kamtschatka mit ihren tätigen Vulkanen ist ein Teil Ostsibiriens.

Taiga

Unter Taiga versteht man gemeinhin einen flächendeckenden Nadelwald. Die Taiga Mittel- und Ostsibiriens ist das größte flächenhaft zusammenhängende Waldgebiet der Erde. Hier liegen 86 Prozent der russischen Holzvorräte. Es ist ein Gebiet mit starken Niederschlägen, in dem der Schnee bis zu 210 Tagen im Jahr liegen bleibt.

Tundra

Der Begriff »Tundra« stammt aus dem Finnischen und bedeutet »waldloser Berg«. Das Klima der Tundra wird bestimmt durch lange, kalte Winter, kurze

Die traditionellen sibirischen Holzhäuser versinken jedes Jahr ein paar Zentimeter tiefer im Permafrostboden.

Sommer und geringe Niederschläge. Die frostfreie Periode dauert nur 50 bis 90 Tage, in denen Insektenschwärme Mensch und Tier zu schaffen machen.

PERMAFROST

Permafrost – dauerhaft gefrorener Boden – entsteht dort, wo im Jahresmittel Temperaturen von weniger als 6 °C herrschen. In Sibirien trifft dies auf mehr als 60 Prozent der Fläche zu. Der Boden ist in diesen Gebieten bis zu mehrere hundert Meter tief gefroren. Nur während der wenigen Sommerwochen ist damit zu rechnen, dass der Boden einige Meter tief auftaut. Weite Teile Sibiriens gleichen in dieser Zeit einer riesigen Sumpflandschaft.

Dieses Phänomen stellt die Menschen in Sibirien, zumal die Architekten und Ingenieure – auch jene der Transsibirischen Bahnlinie –, vor große Herausforderungen. Häuser können nur auf Pfählen gebaut werden, denn durch die Wärmeausstrahlung würde der Dauerfrostboden sukzessive auftauen und die Häuser würden im Morast versinken.

Im Nordosten Sibiriens liegen die tiefsten Permafrostböden der Erde, mit Schichten bis zu 1 500 Metern. Doch auch der sensible Lebensraum Permafrostboden gerät immer mehr aus dem ökologischen Gleichgewicht. Vor allem Leck geschlagene Ölpipelines verschmutzen die Böden über Jahre hinweg, die sich unter den extremen Klimabedingungen – wenn überhaupt – nur im Zeitlupentempo erholen.

Mittagspause.

Unser nächster Zug soll uns nach Tomsk, in die alte sibirische Hauptstadt bringen. Die 450 Jahre alte Stadt liegt nordöstlich von Nowosibirsk, also nicht auf der üblichen Transsib-Strecke. Für Irina Iwanowna wäre dieser Zug wohl angemessen gewesen. Es gibt tatsächlich rote Plastikblumen, rote Vorhänge und samtbezogene Betten. Unser Mitfahrer ist ein Mann aus Krasnojarsk. Als er für kurze Zeit das Abteil verlässt, erkennen wir am Gang seinen alkoholisierten Zustand. Wodka riecht man eben nicht. Müde fallen wir in den Schlaf, in dem wir rollend Entfernungen zurücklegen.

Mit einer konstanten Temperatur im Zug kann man nicht rechnen. In der Nacht war es mehr als frostig im Abteil. Wir vermissen jetzt die überhitzte Saunaatmosphäre. Die Sonne geht an diesem Morgen über der Taiga auf. Zum Frühstück gibt es Kaffee, gefrorene Butter und den Honig, den wir in Omsk erworben haben, dazu Frühstücksradio. Das Programm ist gut. Wir hören es von unseren Nachbarn: Elvis gefolgt von Chuck Berry und Jerry Lee Lewis. Wir überfahren die fünfte Zeitzone. Mit links wird am Weckerrädchen geschraubt. Zeit ist so relativ geworden.

TOMSK

Gegen 10.00 Uhr erreichen wir Tomsk, die ehemalige, heute 650 000 Einwohner zählende Hauptstadt Sibiriens am Zusammenfluss der Flüsse Tom und Ob. Bisweilen hat man den Eindruck, als hätte sich hier seit 400 Jahren nichts verändert. Alte Holzhäuser, dazwischen überwucherte Wege, zieren die unbefestigten Straßen. Es herrscht ein wenig Geisterstadtatmosphäre, außer an den Wasserpumpen sind kaum Leute unterwegs.

Auf einem Hügel entdecken wir eine stark mitgenommene Kirche. Nach einem ungesicherten Aufstieg auf modernden Brettern, die in den schlammigen Boden gerammt sind, erreichen wir ein Holztor, das von einem Bettler bewacht wird. Wir betreten einen Kirchenraum, wie wir ihn schon öfter gesehen haben, und ich frage, ob man den Glockenturm besichtigen kann. Eine freundliche kleine Frau überlegt kurz, huscht dann hinter ihrem kleinen Schutzwall aus Büchern und Ikonen hervor und verschwindet. Abgesehen von einigen vereinzelt Betenden, sind wir alleine. Die Frau kommt mit einem in Schwarz gekleideten und mit vielen Kreuzen behangenen jungen Mann zurück. Er stellt sich als Priester vor. Ohne weiter nachzufragen führt er uns in Gänge, in denen gerade originale Wandbemalungen von ihrer Übermalung aus Sowjetzeiten befreit werden. Vor einer kleinen Holztür bleibt er stehen und nimmt meine Hand. Ein Gang mit gemauerten Felswänden, etwa so breit wie ich in meiner gefütterten Jacke, öffnet sich. Es ist stockfinster, kein Ende abzusehen und die Stufen scheinen manchmal einen Meter hoch zu sein. Wie drei Aneinandergekettete stolpern wir blind nach oben. Irgendwann erblicke ich ein

Folgende Doppelseite:
Kerzenverkäufer in einer Kirche.

Licht, das plötzlich von oben herab auf unseren Führer fällt. Nach zwei weitere Kletterpartien über wackelige Holzleitern stehen wir auf dem unbefestigten Dach des Glockenturms und blicken auf die sonnige Stadt herunter. Über den Dächern von Tomsk erzählt uns der Priester, wie die Kommunisten jahrzehntelang die Kirchen in der Stadt geschlossen oder umfunktioniert haben. Kirchturmspitzen und Kreuze wurden abgenommen, Innenräume übermalt. Jetzt wird in Tomsk nach und nach alles restauriert, die Gottesdienste sind wieder gut besucht. Der optimistische Priester sieht eine religiöse Revolution über Russland hereinbrechen.

Die Frau hinter dem vergitterten Fenster am Eingang der Kirche sieht mich überrascht an, als ich sie frage: »Wofür sind die kleinen Brote, die Sie verteilen?« Überdeutlich langsam erklärt die Frau ein kompliziertes, orthodoxes Ritual. Zusammengefasst funktioniert es etwa so: Man schreibt eine Liste mit den Namen von Heiligen oder/und Verwandten auf einen Zettel und spricht sie leise vor sich hin, während man betet. Diese Personen sind in das Gebet eingeschlossen. Danach bringt man das Zettelchen ordnungsgemäß zu der verantwortlichen Person, die kleine Kärtchen, Bücher und Ikonenbilder verkauft. Diese

Abendstimmung über der Taiga.

1p
1p
2p

»Holsten«, die Trendbiermarke der Jugend.

hakt den Zettel ab. Die Betenden erhalten kleine walnussgroße Brote, die »heilig« und mit einem eingebackenen Stempel sowie vielen Löchern versehen sind. Die Löcher stehen für die Personen, die die Gläubigen in ihre Gebete einbeziehen. Wie viele Brote man erhält, hängt von den Namen auf der Liste ab. Die Dame lächelt spitz und verbeugt sich leicht nach ihrer Rede, bevor sie sich wieder ihren Zetteln zuwendet. Umhüllt von Weihrauchduft verlassen wir die Kirche und gehen einkaufen.

Den Nachmittag verbringen wir im Park und lernen beim Fußballspielen Leo kennen, der Tourismus an der Universität in Tomsk studiert. »Tomsk hat viel zu bieten«, sagt er und bietet eine »professionelle Stadtführung« an. Wir fangen an mit dem KGB-Gebäude, das er uns als Sehenswürdigkeit präsentiert. Wir beenden die Führung völlig erschöpft: Leo, der sympathische Lokalpatriot, nimmt seine Aufgabe sehr ernst. Er wird ein guter Tourismus-Manager werden. Vom Rest des Abends, den wir mit Leo in einer Bar beginnen, sind am nächsten Morgen nur noch Bruchstücke vorhanden, denn wir haben die erste echte Bekanntschaft mit dem gemacht, was die Russen unter Feiern verstehen: eine Studentenbar, Tascha, Lena und Andrej, tanzende Männer und Frauen auf Tischen, der Schlachtruf »Nasdarowje«, zwei fremde Telefonnummern und nasse Schuhe. Ein Blick aus dem Fenster erklärt zumindest die nassen Schuhe: Es hat geschneit.

Die Stimme kommt mir bekannt vor, als ich eine der Nummern vom Hotelzimmer aus wähle. »Hallo, ich habe diese Nummer in meiner Tasche gefunden. Kennen wir uns?«, frage ich leise in den Hörer. »Ja, hier ist Tascha! Kommt mich auf meiner Arbeit besuchen!«, ruft sie aufgeregt. Nachdem ich ihr versichere, die Wegbeschreibung verstanden zu haben, hängt sie ein. Wir genehmigen uns einen Fruchtsaft und verlassen das Hotel. Tascha arbeitet in einem Reisebüro nahe dem KGB-Gebäude. Überraschend treffen wir auch Leo, er jobbt hier neben dem Studium. Mit aufschlussreichen Informationen über den gestrigen Abend verlassen wir Tascha und Leo, verabschieden uns herzlich und nehmen ihren Rat, immer Nüsse zum Wodka zu essen, mit in Richtung Krasnojarsk.

Folgende Doppelseite: Abendlicher Zwischenstopp an einer kleinen Bahnstation. Auch um diese Zeit werden am Bahnsteig noch Lebensmittel an Reisende verkauft.

Unsere Kurzzeitnachbarn im Abteil sind diesmal zwei Tomsker Bürger: Mutter und ältester Sohn, die den Jüngsten in Tschita besuchen wollen. Das ist die Stadt, von der wir schon wissen, dass es dort Kriminelle und Uranabbau gibt, eben »keine gute Stadt«. Ohne Plastikblumen und Samtvorhänge fahren wir weiter Richtung Osten. Unsere Mitreisenden teilen sich eine 1,5-Liter-Plastikflasche Bier, getrunken wird aus Blümchentassen. Die Mutter ist blond gefärbt, trägt rosa Lippenstift, misst etwa 1,55 Meter und wiegt

Der Zug wartet auf das Signal zur Abfahrt.

85 Kilogramm. Bekleidet ist sie mit einem lilaroten Strickpullover, Ringelsöckchen und rosa verwaschenen Leggings. Die Geräusche, die sie beim Lachen macht, scheinen aus japanischen Mangas zu stammen. Immer, wenn mal keiner von beiden etwas sagt, seufzt sie in die Stille.

Mutter und Sohn erzählen von ihrer Datscha mit Sauna und kleinem Teich. Daraus entwickelt sich allmählich ein Gespräch über das »Neue Russland«. Das Ende des Kommunismus förderte ähnlich wie im Osten Deutschlands gesellschaftliche Unterschiede zu Tage. »Einige sind reich geworden. Andere arm. Die, die arm geworden sind, denken, dass es früher besser war. Wir sind nicht arm und nicht reich geworden. Noch nicht«, sagt die Frau. »Wer kann schon mit Arbeitslosigkeit und unsicheren Arbeitsbedingungen umgehen? Und, dass man keinen Lohn bekommt, obwohl man arbeitet«, fragt ihr Ältester rhetorisch. »Wir wissen selbst nicht so genau, in was für einem System wir leben. Alles geht ja viel zu schnell. In Deutschland konnte das klappen, weil es ein so kleines Land war, die DDR«, fügt die Frau hinzu. Die meisten in Russland sehen die neuen Strukturen des Kapitalismus einfach als besseren Sozialismus.

Plötzlich kommt Unruhe im Zug auf. 22.00 Uhr. Wir halten in Taiga, 3 571 Kilometer östlich von Moskau. Der Waggon wird durchgeschüttelt vom Rangieren der Lok. Eine Schaffnerin späht in unser Abteil und sammelt die Teegläser ein. »Am Bahnhof gibt es auch welchen«, kommentiert sie lakonisch. »Wie lange haben wir Aufenthalt?«, fragt die immer noch pink geschminkte Tomskerin ganz besonders freundlich. »Bis morgen früh 6.00 Uhr«, sagt die Schaffnerin, als ob dies selbstverständlich wäre. »Alles normal. Die Lok muss gewechselt werden, der Zug geprüft, Kohle wird geladen. Das dauert seine Zeit«, erklärt sie ungeduldig, auf meine überraschte Reaktion hin. »Die Toilette kann man gegenüber am Bahnhof benutzen. Essen kann man da auch. Der Bahnhof ist die ganze Nacht geöffnet«, fährt sie fort. Wenn es einem gelingt, über die vereisten, rutschigen Gleise zu kommen, hätte sie ergänzen sollen. Der Zug würde ein paar mal hin und her rangieren. Er könnte schon mal eine Stunde nicht zu sehen sein vom Bahnhof aus. Aber ganz sicher käme er genau hier wieder vorbei. Wir sollten uns nur die Zugnummer merken und den Waggon, dann wäre alles kein Problem.

Routinekontrollen.
Mit 1,5 Millionen Beschäftigten ist die Bahn der zweitgrößte Arbeitgeber Russlands, gleich nach der Armee.

Die nächsten Stunden gestalten sich in etwa folgendermaßen: Neben der Tatsache, dass sich ungefähr alle fünf Minuten der Zug langsam von seinem Platz wegbewegt, kommt es zu einem ziellosen Herumirren von Fahrgästen, die auf der Suche nach ihrem jeweiligen Zug auch ab und zu unter Waggons hindurchklettern. Der Zug, in dem unsere Sachen sind, fährt in kurzen Zeitintervallen mal in die eine, mal in die andere Richtung. Der Fixpunkt ist das blaue Bahnhofsgebäude. Es ist Nacht. Es ist kalt. Wenn man aussteigt, muss man damit rechnen, seinen Zug nicht wiederzufinden. Es stehen viele Züge hier und es fahren ständig welche ab oder kommen an.

Ich schlüpfe leider, bevor ich diese Informationen wirklich verinnerlicht habe, in Badesandalen, um die Bahnhofstoiletten in Augenschein zu nehmen. Wir steigen

aus und klettern über die Gleise. Im Bahnhof herrscht geschäftiges Treiben. Menschen in Schlafanzügen und Badesandalen – ich bin wenigstens nicht allein – sind unterwegs. Wir kaufen Piroggen und trinken, wie alle anderen, Bier – am Bahnhof, nachts. Nach einem längeren Aufenthalt außerhalb unseres rangierenden Zugs begeben wir uns sehr optimistisch in die Richtung, in der wir unseren Zug vermuten. Meine Füße werden kalt und es kommen immer mehr Züge dazu. Man stelle sich das nicht so einfach vor. Plötzlich stehen Züge auf dem Gleis, deren Ende nach vorn oder hinten nicht absehbar ist: Russische Züge sind lang. Wir beobachten erst einmal aus der Ferne den Gleiswechsel von Mitreisenden auf unkonventionellem Wege. Nach einem kurzen Zögern, ob unter dem Zug durchklettern oder besser nicht, entscheiden wir uns für die erste Variante – immer von der Hoffnung geleitet, der Zug möge nicht losfahren. Mein Schuh bleibt an einer Schiene hängen. Plötzlich bewegt sich der Zug, unter dem wir gerade durchgeklettert sind, und ich verzichte auf meinen Schuh. Eine Frau gesellt sich zu unserem Suchtrüppchen, ebenfalls sichtlich durcheinander. Wir mutmaßen gemeinsam, wo unser Zug stehen könnte. Sie trägt ebenfalls unpassendes Schuhwerk, allerdings noch an beiden Füßen. Wir würden wenigstens nicht allein erfrieren. Fünf Minuten später entdecken wir ein bekanntes Gesicht. Eine Provodniza raucht an einen Zug gelehnt. Es ist unserer! Eine Minute, nachdem wir eingestiegen sind, setzt sich der Zug tatsächlich aus irgendeinem Grund wieder in Bewegung. Ich verkneife mir jegliches Bedürfnis, den Zug nochmals zu verlassen, bis zum Morgen.

Unsere Abteilgefährten, Mutter und Sohn, winken aus dem Zugfenster, als wir in Krasnojarsk aussteigen. Krasnojarsk oder »Roter Abgrund«, 4 101 Kilometer östlich von Moskau, liegt exakt im Zentrum Russlands. Auch diese Stadt war bis Anfang der 1990er-Jahre »geschlossen«, d. h. für Ausländer nicht zugänglich. Der Jenissej, hier fast zwei Kilometer breit, macht die Millionenstadt zu einer wichtigen Handelsmetropole.

Wir haben hier nur ein paar Stunden Aufenthalt, gerade genügend Zeit für einen Uferspaziergang am Jenissej und einen Sprung in den Zentralpark gegenüber des Revolutionsplatzes, auf dem ein Riesen-Lenin in Arbeitertracht aus Bronze thront. Hier bereitet man sich dem Anschein nach gerade auf eine Art Kundgebung vor. Wir sehen riesige rote Fahnen, teilweise mit Lenins Kopf, die offensichtlich zum Ausleihen an einer Betonmauer lehnen. Weiterhin befinden sich etwa 300 Leute auf dem Platz – im Vergleich zur Größe des Platzes eine Handvoll –, die Transparente hochhalten. Auf jeder Seite der Lenin-Statue, genauer an seine bronzenen Hosenbeine gelehnt, steht eine Lautsprecherbox, die die Rede eines Systemkritikers verstärkt. Wir kombinieren, dass es wohl irgendetwas zu bemängeln gibt im Russischen Großreich.

Schon geht es weiter nach Taischet. Wir übernachten im Großraumabteil. Das ist ein großer Waggon, in dem sich viele Zellen mit jeweils drei übereinander angeordneten

Ein Bild mit Symbolcharakter.

Junge Russen sind heutzutage sehr kontaktfreudig und aufgeschlossen. Auf fröhliche Begegnungen darf man sich als Transsib-Reisender freuen.

Betten gegenüberstehen. Der Waggon ist überfüllt. Sieben junge Männer, Musterexemplare der sibirischen Dorfjugend, vielleicht 20 bis 22 Jahre alt, quetschen sich mit auf unsere Bank. Ich biete Schokoladenkekse an. Der Anführer, Pavel, bedient sich erst zögerlich mit rußschwarzen Händen aus der Tüte und dann immer ungezwungener. Iwan, Sascha, Oleg & Co. laden uns zu einem Bier ein und wir reden über das Leben, die Welt, das Kino. Sie bringen uns russische Kartenspiele bei und zeigen uns ihre Pässe mit alten Fotos.

Ein junger gut gekleideter Mann sitzt uns gegenüber. Sascha, der Stadtmensch, ist in »Angelegenheiten des Waldes« unterwegs, erklärt er uns augenzwinkernd. Bald will er eine Firma gründen. Die »Angelegenheiten« möchte er nicht weiter erläutern, doch entschuldigt er sich auf Englisch für die »Bauerntölpel« und ihr »dörfliches Benehmen«. Er sei schon in Paris gewesen, wisse also, wie man sich benehme.

Ich habe selten so viel Respekt, so viel Neugier, so viele natürliche Emotionen, so viel Freundschaft erlebt wie an diesem Abend. Pavel hält seine Freunde gut in Schach:

Er meckert, wenn einer krümelt, fragt, ob wir lieber schlafen wollen, entschuldigt sich, falls die anderen stören. Wir, das heißt unser Waggon, der nach Taischet fährt, verbringen die Nacht auf einem Abstellgleis mitten im Wald. Da der Waggon ohne Lok nicht Rangieren kann, machen wir einen Spaziergang auf den Gleisen. Früher als geplant fahren wir am nächsten Morgen weiter. Niemand prüft, ob alle Fahrgäste an Bord sind.

Pavel sucht mich auf. Er will mir etwas schenken. Es ist ein kleines altes Radio aus China, das mit Batterien betrieben wird. »Das hat keinen Empfang hier draußen, aber wenn ich in die Stadt fahre, nehme ich es immer mit, da funktoniert es«, erklärt er. Meine Adresse kritzelt er auf einen Zettel. Das nächste Mal in Krasnojarsk will er zum ersten Mal in seinem Leben in einen Internet-Club gehen und mir eine E-Mail schreiben. Wir verabschieden uns und er entschwindet in einem alten blauen Pick-up mit seinen Freunden in ein kleines sibirisches Dorf. Die Station, an der er aussteigt, hat keinen Bahnhof. Es laufen Kühe in der Nähe der Gleise. Wir sehen das kleine Dorf mit rauchenden Hütten und Hühnern auf der gefrorenen Straße vorbeiziehen und wünschen uns, hier auch eine Großmutter zu haben, die wir besuchen könnten.

Der Zug erreicht Taischet, die »Eisenbahnhauptstadt Sibiriens«, denn hier treffen drei Strecken aufeinander, die Baikal-Amur-Magistrale (BAM), die Bahnlinie Krasnojarsk–Nowosibirsk und die Transsibirische Eisenbahnlinie. Von hier aus wollen wir einen Abstecher aufs Land unternehmen, denn was hätte man für einen Eindruck von Sibirien, ohne die Menschen in einem Dorf kennen gelernt zu haben.

Sascha, der Stadtmensch, klärt uns über die kriminelle Lage in Taischet auf. Im Zusammenhang mit der Holz verarbeitenden Industrie ist ein illegaler Holzabsatzmarkt entstanden, der von einer Mafia kontrolliert wird. Wir steigen gemeinsam aus. Vor uns erstreckt

Und wieder: Beine vertreten.

sich ein verwilderter Plattenbahnhofsvorplatz, an dem Bauarbeiten im Gang sind. Lenin ist nirgends zu sehen, dafür ein fragmentarisch erhaltenes sozialistisches Denkmal. »Gorbatschow. Das ist Gorbatschow. Den haben sie vor Jahren gegen Lenin ausgetauscht. Der hat keinem mehr gefallen«, antwortet unser Taxifahrer wenig später auf meine Frage, wer an Lenins Stammplatz stehe. Weit weg von Moskau kann man die Entscheidung offenbar selber treffen, ob man Lenin oder Gorbatschow am Bahnhof platzieren möchte.

DAS DORF BIRJUSA

Wir fahren nach Birjusa, ein Dorf zwölf Kilometer nördlich von Taischet, wo wir bei der Direktorin eines Kinderheims wohnen werden. Der alte Lada schaukelt uns zu Musik, die nur noch entfernt westlich beeinflusst ist, durch den Wald. Ab und zu tauchen Schilder auf, die in unterschiedliche Richtungen weisen. Irkutsk und Krasnojarsk sind jeweils eine Tagesreise entfernt. Das Kinderheim ist mit seinem verblassten blauen Anstrich von der Sonne beschienen, als wir in die Einfahrt einbiegen. Kinder turnen auf einem Klettergerüst herum. Wir werden von allen Seiten neugierig beobachtet. Im Haus rennen in einem 20 Meter langen Flur Kinder um eine Tischtennisplatte herum. Die Chefin ist noch nicht da, sodass wir in den normalen Tagesablauf eingegliedert werden. Wir haben Glück, es ist gerade Essenszeit.

Im Speisesaal, einem großen Raum mit Dielenfußboden und langen Holztischen, verteilen fleißige kleine Helfer Tassen, Teller und Löffel. Jeder hat etwas zu tun. Die

Geräusche von klirrendem Blech, Metall auf Holz und Bänkerücken klingen nach Kindheit. Drei kleine Jungen schälen auf dem Küchenboden Kartoffeln vor einem Riesentopf, ein anderer zieht einen Teekessel hinter sich her, ein Mädchen füllt Suppe in die Schüsseln. Wir sitzen am Ende des Raumes und bekommen Schtschi (Kohlsuppe), Brot, Nudeln und süßen Tee – sehr einfach, aber lecker zubereitet.

Anschließend spazieren wir durch das Dorf. Ein Trauerzug begleitet einen Verstorbenen durch die unbefestigten Straßen. Am Flussufer sind Boote festgemacht und liegen trocken. Der Boden ist gefroren. Irgendwo hackt jemand Holz. Vereinzelt sieht man ein Zweiergespann von Jungen zwischen sechs und neun Jahren, die mit einer Art Harpune – einem Stock, an dem eine Gabel befestigt ist – Richtung Wald schlendern. Dorfleben, wie ich es mir heute Morgen beim Abschied von Pavel vorgestellt habe.

Als wir ins Kinderheim zurückkehren, ist die Direktorin eingetroffen. In unserem Gasthaushalt, einem Holzhaus zehn Gehminuten vom Heim entfernt, gibt es frische Milch, selbst gemachte Butter, Imkerhonig und selbst gemachte Wurst. Zum Händewaschen gießt Tanja, die Tochter des Hauses, Wasser in ein Becken. Komplizierter, dafür aber wesentlich interessanter, ist der Prozess der Körperreinigung – die russische Banja.

Auf Holzbretterstegen, die über den gefrorenen Boden im Garten führen, trippeln wir in Sandalen aus dem Haus. An der Toilette – ein Loch im Boden – vorbei, gelangen wir in einen kleinen heißen Raum, wo es eine Liegebank und einen Ofen gibt. Der Raum ist etwas über 1,70 Meter hoch und extrem warm. Gegenüber vom Eingang führt eine Holztür in einen weiteren, noch niedrigeren und noch heißeren kleinen Raum. Zwei Blechschüsseln stehen auf einer hölzernen Ablage. Ein Ofen mit Wassertank, an dem ein Zapfhahn befestigt ist, spendet die Hitze. Eine Blechwanne mit kristallklarem, eiskaltem Wasser steht auf dem Boden. In den Blechschüsseln mischt man heißes und kaltes Wasser, um sich zu waschen. Das Wasser rinnt durch die Ritzen im Holzfußboden in die Erde.

Auf dem Weg nach Jurty, einem Nachbardorf mit eigener orthodoxer Kirche, fahren wir auf einer Straße oberhalb einer endlosen Waldfläche. Die dunklen Nadelbäume sind von der Sonne in roten Glanz gekleidet und angehaucht vom Winter. In diesen Minuten

Folgende Doppelseite:
Blühende Taiga.

Votivkerzen beim
Gottesdienst in Jurty.

weiß ich, ich bin reich beschenkt. Nur für diesen Anblick hat sich die Reise gelohnt. Ich beobachte die Einheimischen, mit denen wir im Auto sitzen. Es ist der gleiche überwältigte Blick, mit dem sie ihre Heimat betrachten. Auch wenn es im Winter verdammt kalt wird; auch wenn nicht immer alles da ist, auch wenn man in einem Dorf lebt, in dem der Westen noch keinen Einzug erhalten hat und die Stromschwankungen das Fernsehbild ständig stören – dieser Anblick ist es wert.

»Frauen müssen eine Kopfbedeckung tragen«, hält mich die Frau am Eingang der hölzernen Kirche an. Die Zeremonie dauert etwa drei Stunden. Im weihrauchschwangeren Kirchenraum befinden sich Menschen aller Altersschichten. Es riecht nach feuchter Kleidung und Knoblauchatem. Die Zeremonie findet hinter der Ikonostase statt. Alles spielt sich also außerhalb des Blickfeldes der Gemeinde ab. Der Chor und der junge Priester, der einen Sprechgesang singt, befinden sich hinter der bunt bemalten Holzwand. Die Gläubigen stehen im Hauptraum und nehmen an etwas teil, das sie nicht sehen. Alles basiert auf Geruch, Gesang und Zuhören.

Folgende Doppelseite:
Sonnenuntergang am
Bahnhof Taischet.

Ab und zu beginnen auch die Gläubigen zu singen. Hinter uns erheben sich die alten Stimmen der Frauen – zittrig, hoch und nicht immer textfest, aber der Gesang hat auch etwa 30 bis 40 Strophen. All das passiert, während die Gemeinde steht. Dann und wann setzt ein Stimmchen für einen kurzen Moment aus, lauscht dem Chor der Mitstreiterinnen, die auch unsicher ob der Zweifelnden, leiser werden, erhascht die gesuchte Zeile und setzt umso kraftvoller wieder ein. Das Schönste ist eine Art Refrain nach jeder Strophe – wenn sich alle auf einmal, wie bei einem freudigen Wiedersehen, beim »i« treffen und laut und sicher den Ton halten. Immer wenn sich der Stimmenwald der alten Frauen zittrig hinter uns erhebt, wird ein Schwall Weihrauch nach vorn geblasen. Es ist ein sinnliches Erlebnis, das ich um Nichts auf der Welt missen möchte.

Birjusa liegt an den Ausläufern der Taiga. Es ist leicht neblig und Regen hängt in der Luft, als wir am nächsten Morgen mit Alexej zu einer Wanderung aufbrechen. Hinter dem Dorf überqueren wir eine alte, halb verfallene Brücke aus dem 14. Jahrhundert. »Die Brücke war Teil des ›Moskauer Trakts‹, eines 6 000 Kilometer langen historischen Handelswegs zwischen Moskau und Ostsibirien. Bis nach China«, erzählt Alexej. Sie führt uns jetzt in die Randgebiete der Taiga. Wir unterhalten uns über die Waldnutzung. Alexej zeigt uns die Zapfen der Sibirischen Zeder. Den Kernen dieser Zapfen begegnet man in Sibirien auf Schritt und Tritt. Nährstoff- und vitaminreich sind sie ein fester Bestandteil des Speiseplans und werden auch zu Medikamenten verarbeitet.

Die Zapfen der Sibirischen Zeder. Aus ihren Samen wird auch wertvolles Öl gewonnen.

Die sibirische Taiga.

Raucherecken befinden sich immer am Waggonende.

Am Abend des folgenden Tages fährt unser Zug von Taischet weiter nach Irkutsk. Nach selbst gemachten Pelmeni mit frischen Kräutern, saurer Sahne und Weißbrot sowie einer besonders herzlichen Verabschiedung von unserer Gastfamilie verlassen wir das schöne sibirische Dorf und brechen zum Bahnhof nach Taischet auf. Im Licht der untergehenden Sonne klettern wir in unser rollendes Hotel, das uns in Richtung der aufgehenden Sonne bringen wird.

Wir haben das Abteil diese Nacht für uns. Deshalb lässt sich das Gepäck problemlos verstauen. Mangels verheißungsvoller neuer Mitreisender, mit denen man Neuigkeiten austauschen könnte, verspüre ich plötzlich Lust, den Zug ein wenig zu inspizieren. Es ist mittlerweile fast Mitternacht und sieben Großraumwaggons liegen zwischen unserer Schlafkoje und dem Restaurant. Ich husche an ausgestreckten Füßen vorbei, die in den Gang ragen, sehe in schlafende und wache Gesichter, nehme zwei aneinander gekuschelte Menschen wahr, die im Sitzen schlafen. Es riecht nach Leben.

Das alte Bahnhofsgebäude von Sima. »Sima« bedeutet auf Russisch Winter.

Der Weg ist hindernisreich. Er führt über wackelige Waggonzwischenbrücken, durch saunawarme Schlafwagen und zugequalmte Raucherecken bis in den letzten Waggon. Mit der einen Hand schiebe ich jeweils die Tür an einem klebrigen, rußigen Griff auf, während die andere Hand das mitgenommene Bierglas schützt. »Restaurant« steht an der nächsten Waggontür. Es riecht nach altem Fett, die Tischdecken sind fleckig, zwei alte Männer in Jogginganzügen spielen bei Wodka Karten, eine Frau zählt Geld. An einem Tisch sortieren zwei lustlose Damen Süßigkeiten und Zigaretten. Niemand spricht oder sieht auf, als ich eintrete. Ich kaufe eine Tüte Erdnüsse. Die dicke Frau verscheucht eine Fliege, und ohne mich einmal anzusehen, pult sie weiter in ihren Zähnen, während sie mir meine Erdnüsse reicht.

Am nächsten Morgen erreichen wir Sima, 4941 Kilometer östlich von Moskau. Der 15-minütige Zwischenstopp reicht aus, um einmal durch das Bahnhofsgebäude zu sprinten und Lenin auf dem Vorplatz zu suchen.

Irkutsk, Blick vom Hotel »Baikal« über die Angara auf den Bahnhof.

IRKUTSK

Schon als der Zug in den Bahnhof Irkutsk einfährt, sehen wir einen Mann ein Schild mit unserem Namen hochhalten. Irgendwie hat man das Gefühl, am Ende der Welt angekommen zu sein, dabei sind es bis dorthin, nach Wladiwostok, immer noch 4 106 Kilometer, es ist also gerade mal »Halbzeit«. Irkutsk ist eine der ältesten Städte in Ostsibirien. Seine Gründung geht auf das Jahr 1661 zurück, 1698 wurde der Handel mit China und der Mongolei aufgenommen, vor allem Pelze im Tausch gegen Tee, Porzellan und Seide. Die Stadt florierte, war aber auch – bis zur bolschewistischen Revolution – Verbannungsort für politische Häftlinge. 1879 vernichtete ein zwei Tage wütendes Großfeuer zwei Drittel der Stadt. Das Zentrum wurde daraufhin in Stein neu errichtet, aber noch immer gibt es die typisch sibirischen Holzhäuser zu bewundern.

Der Goldrausch der 1880er-Jahre sowie die Ankunft des ersten Zuges der Transsibirischen Eisenbahn 1898 gaben der Stadtentwicklung weitere Impulse. Heute ist Irkutsk die sibirische Hochburg für Bildung und Kultur. Wegen ihrer Nähe zum Baikalsee, der schon zu Zeiten der UdSSR Tausende Urlauber aus dem In- und Ausland anlockte, ist die Stadt touristisch relativ gut erschlossen.

FOLGENDE DOPPELSEITE:
Irkutsk, Abendstimmung am Ufer der Angara.

Wir wohnen Ecke Uliza Lenina/Uliza Karla Marxa, an der Lenin diesmal, in die Ferne weisend, in 3,5 Metern Größe den Park bewacht. Es ist das dritte Mal, dass wir in einer Straße namens Uliza Lenina beherbergt sind. Ein kurzer Blick verrät uns, dass wir in einem Künstlerhaushalt gelandet sind. Die Überschrift eines amerikanischen Zeitungsausschnitts, der neben vielen anderen im Wohnzimmer an die Wand gepinnt ist, lautet: »Nelly Matkhanova, Author, Feminist, and Playwright«. Das Bild zeigt unsere Gastgeberin vor dem Art Institute of Chicago. Es gibt teure finnische Margarine statt Butter. Nelly, eine 55-jährige Burjatin, ist Schriftstellerin, Opernproduzentin sowie Opern- und Ballettdramaturgin. Die Bilder- und Trophäengalerie in der kleinen Wohnung, die sich von jenen in Jaroslawl oder Petersburg kaum unterscheidet, zeigt Nelly mal auf der Bühne, mal vor dem World Trade Center in New York.

Den Rundgang durch die 650 000-Einwohner-Stadt beginnen wir in der Uliza Lenina Richtung Kunstmuseum. Die Irkutsker Kunstsammlung ist mit über 14 000 Exponaten die größte Sibiriens und die drittgrößte in Russland, doch fehlt es dem Augenschein nach an finanziellen Mitteln: Die Bilder hängen teilweise mit Stricken an dünnen Heizungsrohren befestigt von der Wand. Es ist beeindruckend und irritierend zugleich zu

Auch der Irkutsker Bahnhof ist ein architektonisches Schmuckstück.

sehen, wie die Maler im Sozialismus die harten Lebensbedingungen Sibiriens bunt verbrämen. Eine Saalwärterin zeigt mir ihre Lieblingsbilder.

Während unseres Streifzugs durch die Stadt begreifen wir, warum man Irkutsk auch »Paris Sibiriens« nennt. Vier Theater, eine Philharmonie, 15 Kinos, zwölf Museen und 70 Bibliotheken zeugen von der Kulturbeflissenheit seiner Bewohner. Von einigen Wohnburgen abgesehen, die es natürlich auch hier gibt, zeigt sich die Stadt mal von ihrer romantischen, mal von ihrer monumentalen Seite: charmante alte Holzhäuser, aufgrund des problematischen Baugrunds zum Teil bis zu den Fenstern im sibirischen Frostboden versunken, neben majestätischen Stuckfassaden aus der Zeit der Jahrhundertwende.

Auch in Irkutsk verfahren wir nach dem Zufallsprinzip: Bus Nr. 6 sieht interessant aus. An vorderster Front stellt er seinen Motor inklusive Keilriemen zur Schau. Um die Stadt besser kennen zu lernen, steigen wir ein. Mit 30 Kilometern pro Stunde geht es stadtauswärts. Nach nur 15 Minuten beginnt das Datschenvorland. Das Bergpanorama am Horizont ist vegetationslos, jedoch mit Holzhütten besiedelt. Die Gegend heißt Leninskij-Bezirk. Die Bus-Provodniza in Leggings nickt uns nach ungefähr 40 Minuten

Eines der großen Irkutsker Holzhäuser, das die Feuersbrunst von 1879 überstanden hat.

Das Theater von Irkutsk, 1897 erbaut, wurde anlässlich seines 100-jährigen Bestehens unlängst aufwändig renoviert. Die Bestuhlung ist jener der Mailänder Scala originalgetreu nachempfunden.

aufmunternd zu, was so viel wie Endstation bedeuten soll. »Wir fahren nicht in die Stadt zurück«, schüttelt sie mit tragischer Geste den Kopf. Der Busfahrer, verbarrikadiert hinter einer Abtrennscheibe, die mit Kalenderbildern unseriöser Herkunft gepflastert ist, raucht. Eine Art Industriesandwüste liegt vor uns. Männer mit Aktentasche stehen wartend vor einem Firmengelände herum. Der Fahrer und seine Provodniza sichern sich einen bequemen Fensterplatz in ihrem Bus und beobachten uns vom Parkplatz aus. Sie essen mitgebrachte Brote. Als wir eine Stunde später auf dem Parkplatz vor dem Firmengelände ein Minitaxi besteigen, wenden sich die beiden Zuschauer aus Bus Nr. 6 enttäuscht ab.

Badespaß in der Angara, dem einzigen und wasserreichen Abfluss des gigantischen Baikalsees.

DER BAIKALSEE

Am nächsten Morgen werden wir abgeholt. Zwei Stunden soll die Fahrt an den Baikalsee dauern. Das Taxi ist ein Wolga, eine Art amerikanische Limousine aus den 50er-Jahren, nur sowjetisch eben. Wenjamin, der Fahrer, sieht aus wie ein amerikanischer Nebenrollendarsteller, vielleicht der »stumme Bote« oder »einer von den Guten«. Den stummen Boten könnte er vielleicht auch deshalb spielen, weil er sich extrem unverständlich artikuliert. Mehr Zutrauen bekomme ich, als ich die Ikonenburg auf der Ablage des Wolgas sehe: kleine bunte Heiligenbilder, säuberlich angeordnet. Bei jeder Kurve entsteht durch die Lenkung ein Geräusch, als seufzte das Auto. Wenjamin tätschelt dann unbewusst die Ablage.

Schon nach zehn Kilometern verändert sich die Landschaft. Birkenwälder wechseln sich mit Kiefern- und Lärchenwäldern ab. Das Dunkelgrün der Kiefern wird scheinbar ganz regelmäßig von den leuchtend gelben Tupfen der Lärchen aufgelockert, sodass die Wälder wie ein Teppichmuster aussehen. Beim Vorbeifahren an einem Birkenwald entsteht die Illusion von weißem Nebel. Man fühlt sich an die Stimmung in einem schönschaurigen Märchen erinnert.

Wenjamin scheint auf Gottes Erlaubnis oder irgendein Zeichen von ihm zu warten, wenn er überholen will. Ich jedenfalls gebe ihm eins zum Anhalten, als rechter Hand plötzlich ein Baum auftaucht, der mit allerlei Fetzen behängt ist. »Schamanen«, nuschelt Wenjamin. Wir sind in der Republik Burjatien, wo Schamanismus und Buddhismus in synkretistischer Einheit praktiziert werden. Der Baum, genannt »Ongon«, ist mit Stoffstreifen behängt, die an den Zweigen festgeknotet sind. Die Schamanen sagen, der Wind trägt den Wunsch eines Menschen fort.

Burjatien ist eine Hochburg des Schamanismus.

Wir fahren weiter an der Angara entlang, dem einzigen Tochterfluss des Baikalsees, der noch 336 Söhne hat, wie man im Volksmund sagt. Nüchtern formuliert bedeutet das: Der See hat 336 Zuflüsse und nur einen einzigen Abfluss. Nach einer Weile setze ich mir unbedachterweise die Mütze während der Fahrt auf. Dies veranlasst Wenjamin dazu, die Heizung anzustellen, und schnell wird klar, warum er das bislang vermieden hatte. Die Luft im Auto wird rußig und man hat plötzlich das Gefühl, pures Benzin einzuatmen.

Glücklicherweise halten wir wenig später am Museumsdorf an. Die Anlage stellt ein Dorf dar, wie es vor 200 Jahren ausgesehen hat. Es gibt einzelne Häuser, in denen man sehen kann, wie die Menschen gewohnt und gearbeitet haben, z. B. eine Schule, Werkstätten und Zelte. In jedem Gebäude sitzen ein oder zwei Frauen zur Kontrolle. Wir sind die einzigen Besucher und das Dorf wirkt dadurch wie ein Geisterdorf. Niemand außer uns bewegt sich hier draußen.

Auf der Weiterfahrt Richtung Baikalsee kommen wir mitten im Wald an einem verunglückten Wagen vorbei. Der Fahrer ist deutlich darin zu erkennen. Die Außentemperatur beträgt –5 °C. Zu unserer Überraschung fährt Wenjamin unbeirrt weiter, ohne dem Autowrack viel Beachtung zu schenken. Unser Ziel ist das 2000-Seelen-Dorf Listvianka am Austritt der Angara mit Blick auf blaue, schneebedeckte Berge, die sich über dem glasklaren See erheben.

Das Museumsdorf an der Angara vermittelt Eindrücke vom Leben in der Baikalregion aus vergangener Zeit.

Die blaue Lunge Sibiriens

SEE MIT TIEFE

Der Baikalsee aus dem Weltraum. Im tiefsten See der Erde lagern 20 Prozent der weltweiten Süßwasserreserven. Alle Flüsse der Erde zusammen bräuchten ein Jahr, um ihn zu füllen.

»Reicher See«, so heißt »Bai-Gol« aus der Burjatensprache übersetzt. Schon zu Zeiten, als man im Westen von den Völkern Sibiriens noch annahm, dass sie »den Mund am Scheitel haben, nicht sprechen können und, um zu essen, den gefangenen Fisch zerkleinern und unter ihre Mütze legen«, wussten die Einheimischen um den unschätzbaren Reichtum des Sees. Von jeher nutzen sie den Überfluss an Fischen in diesem 636 Kilometer langen und zwischen 27 und 80 Kilometer breiten Gewässer auf schonende Weise.

Unglaubliche Artenvielfalt

Heute interessieren sich auch die Wissenschaftler für den Baikal: Er ist die Heimat der größten Artenvielfalt, die je ein See auf unserem Planeten hervorgebracht hat. Über die Hälfte aller 1 550 Tier- und 1 085 Pflanzenarten leben nur in diesem See und sind auch dort entstanden. Das Geheimnis des Artenreichtums liegt in den Abgründen des tiefsten Sees der Erde verborgen: Im Gegensatz zu anderen tiefen Seen, dem Malawi oder Tanganjika in Ostafrika, dringt der Sauerstoff im Baikal bis zum letzten seiner 1 637 Meter hinunter.

Den kilometerlangen Sauerstofftransport in die Tiefsee bewerkstelligt unter anderem Väterchen Frost, der hier bis zu –50 °C erreicht. Von Januar bis Ende April bedeckt den See eine durchschnittlich einen Meter dicke Eisschicht. Wenn im Mai das Eis schmilzt, sinkt das frisch aufgetaute und schwerere Wasser sofort ab und zieht durch die entstehende Strömung sauerstoffreiches Oberflächenwasser mit in die Tiefe. Dadurch herrscht Leben bis in die untersten und dunkelsten Winkel. In keinem anderen See auf unserem Globus leben deswegen so viele verschiedene Organismen in so großen Tiefen wie im Baikalsee. Und in keinem anderen See gibt es eine Tiefseefauna, die derart absonderliche Lebewesen hervorgebracht hat.

An der Spitze der Nahrungskette steht unangefochten die Herrscherin über die Fische: Nerpa, die Baikal-Ringelrobbe. Sie wurde wegen ihrer Possierlichkeit, aber auch wegen ihrer Seltenheit zum Symboltier des Naturschutzes in dieser Region.

Warum der Baikal so artenreich ist, liegt sicher nicht nur an seinen außergewöhnlichen Lebensräumen in der Tiefe, sondern auch daran, dass er – wieder ein Superlativ – der älteste See der Erde ist. Die ursprünglich wenigen Arten, die ihn anfänglich besiedelten, hatten Millionen Jahre lang Zeit, sich auf die besonderen Bedingungen einzustellen und neue Arten mit Spezialanpassungen zu entwickeln.

Kontinentaldrift

Der Baikal entstand vor ungefähr 25 Millionen Jahren, nachdem in geologischer Hinsicht gravierende Veränderungen stattgefunden hatten. Noch vor ca. 35 Millionen Jahren trennte nämlich kein tiefer wassergefüllter Graben Südsibirien in zwei Hälften.

Unter der Oberfläche Sibiriens verliefen damals wie heute die Grenzen zwischen zwei Kontinentalplatten, der so genannten Eurasischen Platte und der Amur-Platte. Diese schwammen auf dem zähflüssigen, glühenden Erdinnern ruhig nebeneinander, bis der Aufprall einer dritten Kontinentalplatte Spannung in ihre recht harmonische Beziehung brachte.

Der indische Subkontinent hatte sich von Afrika gelöst und war nordwärts gedriftet, wo er auf Asien stieß, das Himalaja-Gebirge aufwarf und auch weiter nordöstlich in der heutigen Baikal-Gegend Verwerfungen auslöste. Die Platten rieben sich aneinander, es gab mächtige Erdbeben und vulkanische Aktivitäten in Sibirien, die bis heute anhalten. Der geologische Vorläufer des politischen Ost-West-Konflikts war geboren.

So driftet nun die Amur-Platte seit etwa 25 Millionen Jahren langsam nach Osten und hinterlässt eine immer größer werdende Spalte, die sich mit dem Wasser von 336 Flüssen füllte – den Baikalsee. Eigentlich ist er über zehn Kilometer tief, denn der immer weiter aufreißende Spalt hat sich im Laufe der Zeit acht Kilometer hoch mit Sediment gefüllt, eine Schicht fast so hoch wie der Mount Everest. Stellt man sich vor, dass das Auseinanderdriften der Platten weiterläuft wie bisher, ist es nur eine Frage der Zeit, bis die Spalte so weit aufreißt, dass Wasser aus dem Südchinesischen Meer in den Baikalsee fließt: Ein neues Meer wäre geboren.

Drohende Umweltzerstörung

Immer spektakulärere Entdeckungen zeigen, dass die biologische und geologische Vergangenheit des Sees noch lange nicht vollständig erforscht ist. Wissenschaftler erhoffen sich aus der Analyse möglichst tiefer Schichten genauen Aufschluss über die Entstehungsgeschichte der fantastischen Artenvielfalt.

Die Erforschung des Sees hängt aber ganz von seiner Zukunft ab. Wie diese aussehen wird, ist wegen der unsicheren wirtschaftlichen und politischen Entwicklung Russlands unklarer denn je.

Wegen der Schönheit und der Wildheit seiner Umgebung formierten sich bereits zu sowjetischer Zeit Umweltschutzgruppen am Baikalsee, um verschiedene Großprojekte zu verhindern – leider ohne Erfolg. Am Südende wurde eine Papierfabrik gebaut, die Gift direkt in einen der saubersten Seen der Erde abließ und noch dazu die umliegende Taiga durch Abholzung in Ödland verwandelte. Industrielle Großkombinate in Sewerobaikalsk am Nordende und am Selenga-Fluss, dem Hauptzufluss in Russland

Nicht immer präsentiert sich der Baikalsee so friedlich wie auf diesem Bild. Bei Sturm sind fünf bis sechs Meter hohe Wellen in der Seemitte keine Seltenheit.

Baikalfischer mit ihrer reichen Beute.

und der Mongolei, verseuchten den See. Baikal-Ringelrobben starben an merkwürdigen Viren. In ihrem Fleisch ließen sich alle möglichen Gifte problemlos nachweisen.

Lizenzen für Goldminen, die mit hochgiftigem Quecksilber Gold waschen, wurden an ausländische Firmen vergeben, die in kurzer Zeit möglichst viel Profit machen wollten, ohne auf die Gesundheit der Anwohner und des Sees zu achten. Der einzige Abfluss, die Angara, wurde mehrfach gestaut, was in der Folge zu einer unnatürlichen Erhöhung des Wasserspiegels führte. Schließlich bewirkte die Überfischung einen drastischen Rückgang des wichtigsten Speisefisches, des Baikal-Omul.

Dann kam die Perestroika und mit ihr der Zusammenbruch Sowjetrusslands. Ein Hoffnungsschimmer für eine ökologisch gesunde Zukunft erschien am Horizont. Diese Zeit bedeutete eine Erholungsphase für den See. Die blaue Lunge Sibiriens konnte tief durchatmen. Neue Investitionen wurden kaum mehr vorgenommen, weil das Geld ausgegangen war oder in dunklen Kanälen versickerte. Das hatte zur Folge, dass viele industrielle Großanlagen, die als Giftschleudern berühmt-berüchtigt waren, schließen

EVOLUTIONÄRES WUNDER

Robben leben normalerweise im Salzwasser. Die Baikal-Ringelrobbe hat sich ans Süßwasser angepasst – ein Wunder der Natur. Wie es sich für normale Robben gehört, lebten auch die Vorfahren der Nerpa, wie sie noch genannt wird, im Meer. Irgendwie muss aber eine versprengte Population dieser Vorfahren der Baikalrobbe am Baikalsee heimisch geworden sein, denn sie ist eine der ganz wenigen Arten, die sich an das Leben im Süßwasser anpassen konnten.

Seit Jahrtausenden tauchen die Tiere bis zu eine Stunde lang unter Wasser, und das sogar im langen sibirischen Winter, wenn der See mit einer dicken Schicht Eis bedeckt ist. Sie betreiben jedoch wohlweislich Vorsorge und halten von Anfang des Winters an Atemlöcher frei, die sie als Säugetiere nach jedem Tauchgang aufsuchen müssen, um erst einmal tief Luft holen zu können.

Obwohl sie immer schon gejagt wurden, bedeutete die Nachfrage nach weichem Robbenpelz auch für diese Art eine ernsthafte Bedrohung. Offiziell dürfen jedes Frühjahr 5 500 Robben gejagt werden, obwohl sich die Gesamtzahl zwischen 1994 und der letzten Zählung im Jahr 2000 von 104 000 auf 85 000 verringert hat. In der gleichen Zeit aber hat sich die Sterblichkeit neugeborener Robben aus ungeklärten Gründen verdreifacht. Wahrscheinlich macht den Tieren die Belastung ihrer Hauptbeute, der Fische, mit Umweltgiften zu schaffen.

Im Oktober 1988 starben 5 000 der etwa 100 000 Ringelrobben. Die Wissenschaftler führten dies auf ein geschwächtes Immunsystem der Tiere zurück. Ein weiteres Robbensterben ereignete sich in den Jahren 1997, 1999 und 2000 – wenn auch in geringerem Ausmaß.

Dennoch sieht die Zukunft der Robben ein wenig rosiger aus als ihre Vergangenheit: Wie der Panda-Bär ein Symbol für den Naturschutz ist, so verkörpert die Baikalrobbe dasselbe Anliegen für das Baikal-Gebiet. Entsprechend intensiv wird ihr Schutz nun betrieben.

Eine Kolonie Baikal-Ringelrobben auf den Uskani-Inseln im Mittelteil des Sees.

mussten oder nur mit halber Kraft betrieben wurden.

Ökotourismus

Heute liegt es an Präsident Putin und seiner Regierung, auf den Rat der Burjaten und ihrer Schamanen, aber auch auf den Rat von Organisationen wie Greenpeace oder UNESCO zu hören, die den Baikalsee 1996 als eines der bedeutendsten Naturreservate der Welt ausgewiesen haben. Vielleicht siegt das jahrtausendealte ökologische Bewusstsein der Burjaten, und Putins Enkel werden auch in nächster Zeit noch in der »Blauen Perle Sibiriens« baden können.

Die Hoffnung auf eine rosige Zukunft erwächst aus dem Reichtum des Baikal, seiner Natur und deren nachhaltiger Nutzung. Über eine Million Touristen im Jahr pilgern heute an das »Heilige Meer« – vorwiegend jedoch devisenschwache Russen. Der Ökotourismus als Teil der größten Industrie der Welt soll nach dem Willen der Naturschutzorganisationen den Baikalsee langfristig retten.

Dr. Ulrich Schliewen

Endlich liegt er vor uns, der sagenumwobene Baikalsee. Für uns, und bestimmt auch für die meisten anderen Transsib-Touristen, stellt dieser See einen der Hauptgründe dar, diese Reise zu unternehmen. Seine Superlative füllen Bände: größtes Süßwasserreservoir der Erde, tiefster See der Erde, ältester See der Erde, einzigartige Lebensformen und vieles andere mehr. Wir lassen uns gefangen nehmen von unseren Eindrücken. Der See sieht aus wie ein Meer, er hört sich an wie ein Meer, die Atmosphäre ist wie am Meer. Nur es riecht nicht nach Meer. Statt Möwen hört man aus dem angrenzenden Lärchenwald Krähen schreien. Es existiert nur die Vorstellung von Meer. Man befindet sich mitten in einem Paradies, das atemberaubend schön und seltsam vertraut wirkt. Ich überprüfe meine ersten begeisterten Eindrücke nicht oder versuche ihren Gehalt ausfindig zu machen. In dieser faszinierenden Umgebung hört man auf, sich der Welt nur rational zu nähern. »Das Meer« – das ist die weite Wasserfläche; Sand oder Gezeiten sind nicht wichtig. Hier ist ein Mythos aufgemalt: schneebedeckte Berge vor strahlend blauem Himmel, weiße Schaumkronen auf dem Wasser und bizarre Felsklippen. Man hat das Gefühl, als befinde man sich mitten in einer Postkartenlandschaft und suche nach abgeblätterter Farbe.

UNTEN UND GEGENÜBER: Auf Olchon, der größten der 27 Inseln im Baikalsee.

Wir gehen am Ufer entlang ins Dorf. Postkartenblick – ich kann mich gar nicht satt sehen. Die Dorfschönheit hinter der Theke in der leeren Bar blickt genauso verträumt aus dem Fenster zum See. Unsere Gastgeberin arbeitet im Sommer in einem Kiosk oben beim Shaman Rock. Im Winter erholt sie sich zu Hause. Wenn sie einmal wegfahren würde, dann nach Frankreich oder Italien, Hauptsache nach Europa. Wegen der Tallage gibt es nur einen Fernsehkanal und keinen Radioempfang. Manchmal werden Sendungen über europäische Länder gezeigt, die sie sich gerne ansieht.

Die hübsche Holzarchitektur Listviankas ist eine touristische Hauptattraktion.

Gegen 9.00 Uhr am nächsten Morgen treten wir in die sonnenklare Stille und machen uns auf den Weg zum Hafen. In träger Schnatterstimmung machen die Verkäuferinnen Feuer und grillen, räuchern und braten Omul – den Baikalfisch. Die Sonne im Osten prallt auf die Schwaden der räuchernden Verkäuferinnen und lässt alle Menschen wie Schattenfiguren aussehen. Fischgeruch weht über den Parkplatz am Hafen. Wir sitzen

Während der kurzen Fangzeit von Juli bis September ziehen die Baikalfischer zwischen 800 und 2 000 Tonnen Omul aus dem See. Früher waren es bis zu 10 000 Tonnen. Erst seit einem mehrjährigen Fangverbot in den 1980er-Jahren konnten sich die Bestände wieder erholen.

bei Tee in der Sonne unter dem Glasdach einer Bar, wagen die erste Omulverkostung und stellen überrascht fest, dass uns selten etwas derart Feines zum Frühstück angeboten worden ist.

Gegen Mittag erklimmen wir einen Berg, dessen Rücken von gekrümmten Kiefern bedeckt in der Sonne liegt. Oben angekommen, liegt ein kleines Plateau vor uns, von dem aus man eine grandiose Sicht auf das strahlend blaue, klare Wasser, die Wälder, Berge und das glitzernde Dorf hat. Der Anblick ist überwältigend; alle Elemente fügen sich so harmonisch zu einem Gesamtbild, dass Worte nicht ausreichen, die Schönheit des Augenblicks zu beschreiben.

Gespenstische Begegnung mit einem schwimmenden Seemannsgrab.

Für 25 Rubel bringt uns die alte *Babuschkin* nach Port Baikal auf der anderen Seite der Angara. Wir legen an einem verlassenen Güterbahnhof an und haben eine Stunde Zeit zum Erkunden. Früher, vor dem Bau der Zirkumbaikallinie, wurden hier die Transsib-Züge mit der Fähre auf die andere Seite nach Myissowaja geschafft. Heute sind die Anlagen verwaist, außer den alten Rangiergleisen, einem kleinen Geschäft und ein paar Kohlehalden gibt es kaum etwas zu entdecken. Ein wenig hat man das Gefühl, am Ende der Welt angekommen zu sein. Eine einzige Zugverbindung zwischen Juni und September führt noch von Port Baikal zur Transsib-Hauptstrecke bei Sludjanka, doch gibt es Pläne, die Gegend um Port Baikal touristisch »aufzurüsten«. Es bleibt zu hoffen, dass der morbide Charme des Ortes dabei nicht auf der Strecke bleibt.

Durch Port Baikal führen lediglich die alten Eisenbahnschienen. Straßen gibt es keine.

Auf der Rückfahrt tauchen unvermittelt Holzflöße aus dem Dunst auf, der sich mittlerweile über dem See gebildet hat. Sie sind mit Erde aufgeschüttet, manche ziert ein Kreuz und ein paar Büsche – ein schwimmendes Seemannsgrab. Ebenso unvermittelt, wie die Flöße aufgetaucht sind, werden sie wieder vom Dunst verschluckt.

Die beiden Tage am Baikal waren so erholsam wie zwei Wochen Inselurlaub, so friedlich, wie Frieden klingt. Die holprige Busfahrt nach Irkutsk gegen Abend legen wir voller Wehmut zurück. Selbst die vom Abendrot angestrahlte Stadt an der Angara kann die Bilder vom Baikalsee nicht aus unseren Köpfen vertreiben, von einem Flecken Erde, dessen Atmosphäre sich in einer fremden Sprache eigentlich gar nicht beschreiben lässt.

Alle Expresszüge fahren direkt am Ufer des Baikalsees entlang.

Wir fahren durch die Nebenstraßen von Irkutsk, in denen es aussieht wie in Tomsk. Die alten Holzhäuser wirken, als wären sie seit dem 15. Jahrhundert nicht mit der übrigen Welt in Kontakt getreten. Eilig packen wir unsere sieben Sachen zusammen und grüßen Lenin vom Fenster aus. Leider ist das kurze Abenteuer Baikalsee zu Ende, bevor es wirklich angefangen hat.

LINKS:
Ein Sonderzug auf der Strecke Port Baikal–Sludjanka.

GEGENÜBER:
Abendstimmung über dem Baikalsee.

ZU FUSS ÜBER DEN BAIKALSEE

Durch gegenläufige Strömungen unter dem Eis und Temperaturschwankungen werden mannshohe Eisschollen aufgeworfen. Ebenso häufig bilden sich meterbreite Spalten.

Protokoll einer BAIKALÜBERQUERUNG

24. Februar
Unsere sibirischen Freunde in Sewerobaikalsk erwarten uns bei –30 °C. Frühling sei es, sagen sie, warm sei es. Im Vergleich zu den –50 °C von Mitte Januar mag dies auch stimmen. Da liegt sie vor uns, die »Perle Sibiriens«, eine riesige Eisfläche, unvorstellbar groß. Wir erschauern nicht nur wegen des eisigen Windes beim Anblick der vor uns liegenden Weite.

25. Februar
Die Schlitten sind gepackt. Das Zelt, der kleine Holzofen, Kochtöpfe, Kleider und vor allem Unmengen an Lebensmitteln sind darauf verstaut. Die Skier liegen bereit. In den nächsten zwei Wochen wollen wir den nördlichen Teil des Sees erkunden und uns dem gut einen Meter dicken Eis anvertrauen. Bereits nach wenigen hundert Metern beginnt das Staunen. Kunstvolle Schneeverwehungen, glitzernde Eiskristalle, leuchtende Eisbrocken, die je nach Blickwinkel von tief schwarz bis zu regenbogenfarben erscheinen. Am schönsten aber sind die »Torossi«, Eisscherben von bis zu anderthalb Meter Höhe. Wind, Wasserströmungen und Temperaturunterschiede erzeugen Spannungen und lassen die Eisfläche bersten. Eisblöcke schieben sich übereinander. Der starke Wind schleift am aufgestoßenen Eis, bis sich dieses blank und scharf wie Glasscherben in den Himmel streckt. So schön diese Eisscherben fürs Auge sind, so schwierig ist das Vorwärtskommen, und schon bald ist der erste Schlittenbruch zu vermelden.

27. Februar
Kälte und Anstrengung fordern Energie. Unser Appetit ist grenzenlos. Heimlicher Favorit ist »Sala«, russischer Speck aus rein weißem Fett – im Büroalltag zu Hause kaum zu empfehlen, hier ist es eine notwendige Energiequelle.

1. März
Fünf herrliche Tage sind wir bereits in Eis und

Schnee unterwegs. Übernachtet haben wir in einfachsten Blockhütten oder im Zelt. Heute erreichten wir die ersehnte heiße Quelle in der Bucht Chakusy. Diese war schon von weitem zu erahnen. Mit 45 °C sprudelt das Wasser aus der Erde. Bei einer Lufttemperatur von –25 °C verdampft viel Wasser, das sofort an den umliegenden Bäumen kondensiert. Gleich neben der Quelle ist ein kleiner Pool gestaut, also rein ins Vergnügen. Zuerst brennt es wahnsinnig, aber nach einigen Minuten wird es erträglich. Zentimeter um Zentimeter tauche ich hinein, bis ich bis zum Hals im Wasser sitze. Welche Wohltat. Dann raus aus dem Wasser, sich splitternackt im Schnee wälzen und wieder rein ins Wasser. 70 °C Temperaturdifferenz in wenigen Sekunden, ein Wunder, dass der Körper das aushält.

7. März

Zum zweiten Mal verlassen wir das schützende Ufer, um den See zu überqueren. Das Wetter ist gut, doch die Sicht von nur einigen Kilometern ist gering angesichts der 80 Kilometer bis zum anderen Ufer. Wir marschieren in eine weiße Wand hinein, ohne Kompass wären wir auf verlorenem Posten. Bis zum Abend ist die Hälfte der Strecke geschafft. Mitten auf dem See errichten wir im orangeroten Licht der untergehenden Sonne unser Lager mit einer mannshohen Mauer aus Schneeziegeln als Windschutz. Es ist kalt, bitterkalt. Der Wind bläst ungebremst über den See und saugt uns die Wärme aus dem Körper. Das Thermometer zeigt zwar moderate –25 °C, doch die gefühlte Temperatur beträgt zwischen –40 und –50 °C.

8. März

Es war keine gute Nacht. Der Wind rüttelte kräftiger denn je an unserem Zelt. Dicht gedrängt, Körper an Körper, versuchten wir uns gegenseitig zu wärmen. Unter unseren Köpfen ächzte das Eis, als ob sich der See öffnen und uns verschlingen wollte. Ein strahlender, eiskalter Morgen erwartet uns. Der Wind hingegen hat sich nicht gelegt. Bis wir alles zusammengepackt haben, sind Finger und Zehen gefühllos vor Kälte. Erst nach zwei Stunden Marschieren meldet sich das Blut in den Fingern mit schmerzhaftem Brennen zurück.

Mittlerweile ziehen wir schon wieder stundenlang über das Eis. Das Ufer ist schon seit langem sichtbar, will und will aber nicht näher rücken. Außerdem scheint mein Schlitten mit jeder Minute an Gewicht zuzulegen. Im richtigen Moment hält der See eine Überraschung für uns bereit – wir gelangen auf »Schwarzeis«. Es entsteht, wenn das Wasser ohne Einfluss von Schneefall oder Wind in sehr kurzer Zeit gefriert. Das Eis liegt vor uns wie schwarzer Marmor mit feinen weißen Mustern. Es ist fantastisch schön. Wie in Trance bewege ich mich auf dem Eis, vergesse alles um mich herum. Nur eine dünne Glasscheibe scheint mich von dem anderthalb Kilometer tiefen schwarzen Loch unter meinen Füßen zu trennen. Ich fliege förmlich über den dunklen Schlund – ein unbeschreibliches Gefühl.

Peter Eichenberger

Schwarzeis. Nur eine dünne Glasplatte scheint die Wanderer von den unergründlichen Tiefen des Sees zu trennen.

Mitten in der Nacht fährt unser Zug weiter nach Ulan Ude. »Plastikblumen!«, rufen wir aus, als wir in den Zug steigen. Ein wenig haben wir die Zeit im Zug auch vermisst. Die kurze Nacht verbringen wir mit einer 35-jährigen Lehrerin und einem älteren Mann, der seine Enkel besuchen fährt.

ULAN UDE

Zwei Burjaten holen uns vom Bahnhof ab. Wir sind in Ulan Ude, der 353 000 Einwohner zählenden Hauptstadt der Republik Burjatien. Eine ist unsere neue Gastgeberin Ludmilla, die Direktorin des städtischen Theaters. Diesmal wohnen wir nur in einer Nebenstraße der Uliza Lenina – in der Kommunistitscheskaja.

Auf den ersten Blick erscheint die Stadt langweilig, wie eine Kleinstadt in Polen. Der stalinistische Bau, der das Kunstmuseum beherbergt, bietet zwei Ausstellungen. Einen guten Überblick zum Thema Burjatien bekommt man in der gleichnamigen Abteilung. Daneben gibt es noch eine Ausstellung über Buddhismus und Lamaismus.

Der Grund für unseren Besuch in Ulan Ude ist die Klosteranlage Iwolginskij Dazan, 40 Kilometer außerhalb. 30 Lama-Mönche praktizieren dort tibetanischen Buddhismus. Das »Zentrum des russischen Buddhismus« wurde bereits mehrmals vom Dalai Lama besucht. Die Fahrt durch die Khamordaban- oder Apfelberge zum Kloster Iwolginsk in einem öffentlichen Kleinbus dauert etwa anderthalb Stunden.

Ganz oben: Abfahrtsanzeiger am Irkutsker Bahnhof.

Oben: Der Bahnhof der burjatischen Hauptstadt Ulan Ude.

Wir sehen den Tempel schon von weitem gelb in der Sonne glänzen. Auf der flachen Ebene vor dem Hintergrund der Gebirgslandschaft erreichen wir Iwolginskij Dazan. Ein menschenleeres Gelände mit allerlei bunten Gebäuden liegt vor uns. Kühe stehen dösig unter den Vorhallen. Auf dem Parkplatz warten Fahrer, die die buddhistischen Gläubigen aus benachbarten Orten zu den Zeremonien bringen.

Wir folgen einem in rote Tücher gewandeten, kahlköpfigen Mönch. Im Tempel sitzen und hocken Mönche an langen, niedrigen Tischreihen oder auf Matten. Sie haben längliche, in bunte Seide gewickelte Bücher vor sich, aus denen sie laut murmelnd, jeder für sich, rezitieren. Die Mantrawirkung der Sprechgesänge jedes Einzelnen entsteht erst im Ganzen. Wenn man die Augen schließt, läuft man Gefahr, den Boden unter den Füßen

zu verlieren. Ich konzentriere mich auf zwei Männer, die jeder in einer eigenen Rhythmik ihre Mantras vortragen. Die Zeremonien dauern drei bis vier Stunden. Ähnlichkeiten mit dem orthodoxen Sprechgesang bei der Zeremonie in sibirischen Dorf Jurty sind nicht zu überhören.

Der Haupttempel im lamaistischen Kloster Iwolginskij Dazan.

Besucher sind in allen Gebäuden willkommen. Es gibt sogar einen Verkaufsstand im Tempel. Für 100 Rubel kann man ein schnelles Foto von meditierenden Mönchen schießen. Im ganzen Tempel verteilt liegen Geldscheine und Münzen, die regelmäßig eingesammelt werden. Bevor wir nach Ulan Ude zurückkehren, machen wir noch die kurze, aber mit Sicherheit »unvergessliche« Bekanntschaft mit dem Angebot des Imbissstandes gegenüber dem Kloster.

Wir nehmen den Minibus zurück nach Ulan Ude. Der Beifahrer unseres Busses übernimmt den Wechselgeld-Job, während der Fahrer gemütlich rauchend einer Kassette

Die Gebetsmühlen sind ein wichtiges Element des lamaistischen Ritus, des Buddhismus nach tibetischem Vorbild.

Der Sowjetskaja-Platz in Ulan Ude. Rechts im Bild der Regierungssitz der Republik Burjatien.

lauscht, die ein Mädchen aus dem hinteren Wagenteil vorgereicht hat. Sie wippt mit dem Kopf zur Musik und freut sich, dass auch eine andere Frau ein Lied kennt und mitsingt.

Der Bus setzt uns am »Sowjetskaja Ploschad« vor einem überdimensionalen Leninkopf aus Granit ab. Das bizarre Kunstwerk wurde ursprünglich für den sowjetischen Pavillon der Weltausstellung 1971 geschaffen. Dass es schließlich in Ulan Ude gestrandet ist, entbehrt nicht einer gewissen Ironie, denn in Burjatien wurden früher die abgeschlagenen Köpfe der besiegten Feinde öffentlich zur Schau gestellt.

Der Zug nach Chabarowsk, auf den wir am folgenden Tag zunächst vergeblich warten, ist der erste auf unserer langen Reise, der nennenswerte Verspätung aufweist. Ein anderer Zug auf der Leuchttafel hat zehn Stunden Verspätung. Niemand beschwert sich. Unsere zwei neuen Abteilmitbewohner sind eine ältere russische Frau und ihr Enkelkind. Die Geruchspalette im Zug reicht von Omul geräuchert über Omul mariniert bis Omul roh. Plastikblumen … Fehlanzeige.

GEGENÜBER:
Das kolossale Lenindenkmal in Ulan Ude.

Der allgegenwärtige Omul.

Am nächsten Morgen erwacht der Zug allmählich. Gegen 7.30 Uhr sind alle an den Fenstern. Dichter Schnee senkt sich auf den dunkelgrünen Kiefernwald. »Der Winter kommt«, meint die Frau in unserem Abteil nachdenklich. Wie eine Märchenlandschaft präsentiert sich das verschneite Sibirien vor unserem Fenster. Im Korridor brennt Feuer unter dem Kessel und es ist, als fahre man in Richtung Weihnachten.

Der Tag im Zug wird nur unterbrochen von »15-Minuten-Oasen« auf der langen Strecke, in denen man die neuen Köstlichkeiten der Babuschkas am Bahnsteig probiert, zum Beispiel Wareniki, mit Quark gefüllte Teigtaschen. Die übrige Zeit sieht man aus dem Fenster, liest oder unterhält sich mit den Mitreisenden. Das Klima

hat sich geändert seit Ulan Ude. Die russische Freundlichkeit ist einer höflichen Zurückhaltung gewichen, könnte man sagen.

Die Enkelin ist sieben Jahre alt und heißt Sarina. »Rina!«, wird ständig durch den Gang geschrien. Außerdem: »Komm zurück!« oder »Hierher!« oder »Schlaf jetzt!« In regelmäßigen Abständen weckt das Mädchen die Großmutter lautstark und bekommt dafür fluchend ein paar Schläge. Ein wenig Ruhe kehrt erst gegen Nachmittag ein, als alle vier Insassen des Abteils lesen. Die Kleine liest *Der Mensch, welcher immer schwierig war* von Achmet Malsagow. Auf dem Umschlag sieht man ein ratlos blickendes Kind, das zu seiner sichtlich gereizten Mutter aufschaut – möglicherweise empfohlene Lektüre seitens der Großmutter. Ansonsten verläuft der Tag ruhig. Unser Zug hat jetzt vier Stunden Verspätung. Das Zugradio bringt Nenas »99 Luftballons«, das ich für die Mitreisenden übersetze. Die Großmutter findet den Text »sinnlos«.

Diese Famile hat's eilig.

Der nächste Morgen überrascht uns mit einem völlig neuen Bild. Eine dünne Schneedecke hat sich während der Nacht über die Landschaft gelegt. Es ist der kälteste Abschnitt auf der Transsib-Strecke. Weiches Steppengras liegt vom Wind gebeugt sanft auf dem Boden. Die Schienen sind die einzige Lebensader in dieser Einöde. Das Ödland wird von

riesigen, schneefreien schwarzen Fläche abgelöst, aus denen Birken kahl und weiß wie Skelette ragen. »Sumpfgebiete und Abbauhalden von Torf«, erklärt unsere Mitfahrerin. Ab und an kann man in der Ferne ein Barackenlager ausmachen. »Vielleicht ein GULag, ein Arbeitslager«, meint die Frau schulterzuckend und richtet den Blick wieder nach draußen. Gerne erführe ich mehr über dieses menschenverachtende Kapitel der Sowjetgeschichte. Doch ich frage nicht nach, wer weiß, was ihre Familie durchgemacht hat – auf Seiten der Opfer ... oder der Täter?

Unser Zug liegt jetzt bei sechs Stunden Verspätung und die kollektive Verschwörung der Provodnizas gegen mich, macht die Sache nicht besser. Ein Streitgespräch beim Einsteigen beschäftigt mich noch immer. Der Sonnenuntergang hinter den schwarzen Bergrücken durchdringt jede Faser mit einer unbestimmten Sehnsucht.

Oben links.
Fischer am Fluss Bikin.

Rechts:
Gesichter des sibirischen Ostens: Jäger in ihren Behausungen.

Die GULags – Zerstörung des Menschen auf

SOZIALISTISCHE ART

Bereits im Zarenreich begannen sich in Russland Züge eines despotischen Zwangssystems abzuzeichnen. Deportationen und Straflager spielten schon im 19. Jahrhundert als Sonderformen staatlicher Regulierung eine Rolle. Die Organisation jener ersten Lager nahm bereits vieles von dem, was kommen sollte, vorweg – vom bewussten Zusammensperren Krimineller und politischer Gefangener über die Degradierung der Inhaftierten bis hin zum Einsatz der Häftlinge als Zwangsarbeiter – so auch beim Bau der Transsibirischen Eisenbahn.

Nach dem Ende des Zarenreichs änderte sich für die Bürger wenig, übernahm doch das neue Regime weithin die zaristische autoritär-administrative Struktur. Für die Sowjetunion galt es ebenso wie für die Zaren, den wirtschaftlichen Vorsprung gegenüber der westlichen Welt aufzuholen und das Land zu modernisieren.

Die ersten GULags

Mit der Errichtung von Lagern wurde kurz nach dem Oktoberumsturz 1917 begonnen. 1923 wurde auf den Solowki-Inseln im Weißen Meer das erste große Lager eingerichtet. Die dortigen Kloster- und Festungsbauten hatten lange zaristische Deportationstradition – womit sich der Kreis bereits fünf Jahre nach der Oktoberrevolution schloss. Die Geschichte der GULags begann.

Die ersten Lager dienten vor allem der Internierung politischer Gegner und Mitglieder der zaristischen Oberschicht. Eine Verschärfung der Lage trat im Zuge der Zwangskollektivierung der Landwirtschaft und der forcierten Industrialisierung ab 1928 ein. So stieg zwischen 1926 und 1932 die Zahl der Straftäter, die zu Lagerhaft verurteilt wurden, von 14,3 % auf 58 %. 1930 wurde die »Staatliche Lagerverwaltung« (GULag = Glawnoje Uprawlenije Lagerej) geschaffen, der flächendeckende Lagerzonen unterschiedlicher Größe unterstanden. Die Lager zogen sich wie eine Kette vom äußersten Norden des europäischen Russland und Nordsibiriens zu den abgelegensten Orten Zentral- und Südsibiriens.

Staat im Staate

Mit dem Lagersystem und der Zwangsarbeit wurden Willkür und Gewalt zur grausamen Wirklichkeit. Die Lager entwickelten sich zu einem »Staat im

Staate«, in dem alle Grundlagen menschlichen Zusammenlebens außer Kraft gesetzt waren. Die physische Vernichtung der Lagerinsassen wurde nicht nur in Kauf genommen, sondern war Routine.

Die nächste große Welle an Häftlingen für die Lager kam mit der »Großen Säuberung« (1935–1939), der viele Mitglieder des Herrschaftsapparats zum Opfer fielen. Wie viele Menschen sich zu diesem Zeitpunkt in den Lagern befanden, ist umstritten. Einigen Angaben zufolge sollen die Häftlingszahlen 1922 erst 6 000 betragen haben, mit den Massendeportationen ab 1928 auf 1,5 Millionen (1930) und mit den großen Säuberungen auf 11,8 Millionen (1938) gestiegen sein. Doch damit nicht genug. Die Zahlen sollten weiter steigen, denn die meisten Menschen wurden in der letzten Herrschaftsphase Stalins nach dem »Großen Vaterländischen Krieg« verschleppt. Auch Zehntausende deutscher Kriegsgefangener wurden als »Kriegsverbrecher« zu Lagerhaft verurteilt; der Kriegsgefangenen-Status wurde ihnen so entzogen. Man geht davon aus, dass nach 1945 ca. 20 Millionen Menschen in den Lagern inhaftiert waren, wobei nach jüngeren Erkenntnissen die Zahlen auch wesentlich niedriger gelegen haben können.

Zwangsarbeit zum Wohle der Sowjetunion

Um die Funktionsdefizite der sowjetische Ökonomie auszugleichen, mussten die Häftlinge schwerste Zwangsarbeit leisten: im Bergbau, in der Landwirtschaft und bei der Realisierung wirtschaftlicher Großprojekte. Eines der ersten Projekte, das überwiegend von Zwangsarbeitern errichtet wurde, war der berüchtigte Weißmeer-Ostsee-Kanal (1931–1933). Auch beim Bau der Baikal-Amur-Magistrale wurden Häftlinge aus den GULags eingesetzt. Die Lager wurden in die Fünfjahrespläne eingestellt und waren für deren Durchführung vor allem in der Kriegs- und Nachkriegszeit unerlässlich. Die GULags wurden damit zu einem Eckpfeiler der Sowjetwirtschaft.

Eine Veränderung trat erst mit dem Tode Stalins 1953 ein. Unter seinem Nachfolger Chruschtschow begann das Lagersystem allmählich zu schrumpfen, es war aber noch bis in die 1970er-Jahre hinein präsent. Erst in Zeiten von Glasnost und Perestroika kam das ganze Ausmaß des stalinistischen Terrors langsam ans Tageslicht.

Der Archipel GULag

Die Geschichte der GULags ist bis heute einer der vielen weißen Flecken der Sowjetgeschichte. Dass die Weltöffentlichkeit überhaupt davon Notiz nahm, ist in erste Linie dem russischen Schriftsteller Alexander Solschenizyn zu verdanken, der elf Jahre in einem Arbeitslager verbrachte. 1973 begann er mit der Veröffentlichung seines dreibändigen Werkes *Der Archipel GULAG*, das 1974 zu seiner Ausweisung aus der Sowjetunion führte. Im Westen war er zuvor mit dem Literaturnobelpreis geehrt worden. Erst durch die Werke Solschenizyns fanden die Leiden der Menschen in den GULags Eingang in das Bewusstsein der Menschheit.

Christian Sepp

Grosses Bild:
Die Tschynnyrberge in Nordburjatien.

Unten:
Eistauchen – nichts für Warmduscher!

Winterliche »Skyline« in der Nähe von Chabarowsk. Das Kraftwerk versorgt die Industriestadt mit Energie.

CHABAROWSK

Mit siebenstündiger Verspätung erreicht der Zug schließlich Chabarowsk. Noch 766 Kilometer bis Wladiwostok. Die Stadt wurde auf sieben Hügeln erbaut und hat heute etwa 650 000 Einwohner. Die bedeutende Industriestadt erstreckt sich 40 Kilometer den Amur entlang.

Dass es eine »große Stadt« ist, erkennen wir auch daran, dass Pavels Radio funktioniert. »Außer euch sind nur 50 Japaner da. Lautes Volk«, murmelt der Fahrer, der uns zu unserem Hotel bringt. Aha, wir sind also wirklich im Osten angekommen und nach Japan ist es nur ein Katzensprung. Das Einzige, was wir vor dem Einschlafen hören, ist die Lüftungsanlage aus dem Flur, die wie das vertraute Geräusch eines ratternden Zuges klingt.

Als Erstes fällt uns die westliche Atmosphäre auf. Alles ist neu oder restauriert. Es gibt keinen herumliegenden Müll in den Straßen. Die Leute sind gut gekleidet und fahren überwiegend europäische und japanische Autos. Draußen ist es heute sehr stürmisch. Es ist Ende Oktober. Wenn der Baikal wie ein Meer ausgesehen hat, dann wirkt der Amur heute wie ein riesiger See. Er ist so breit, dass man das gegenüberliegende Ufer nicht sieht. Passagiere, die mit vielen Beuteln bepackt aus den anlegenden Booten steigen, kämpfen sich gegen den Wind den Strand hinauf.

Der Namenspatron der Stadt, Jerofej Chabarow, der im 17. Jahrhundert im Auftrag des Zaren Sibirien erforschte, sich unter der sibirischen Urbevölkerung aber eher wie ein Eroberer gerierte, steht an Lenins Stammplatz gegenüber vom Bahnhof. Die große Skulptur könnte bei flüchtigem Hinsehen als Lenin mit Bart durchgehen. Den Original-Lenin

GEGENÜBER:
Transsib, –40 °C

Oben und gegenüber: Rentierzüchter in Nordburjatien.

SIBIRIENS VÖLKER

Niemand würde in Juri einen Schamanen vermuten. Er lebt wie viele andere Tungusen in einer kleinen kalten Wohnung in der Stadt. Nur andere Tungusen wissen, dass sie im Falle einer Krankheit auch zu ihm gehen können statt ins Krankenhaus. Es war von jeher die Aufgabe von Schamanen, Kranke zu heilen, denn sie verfügen über die besondere Befähigung, durch Ekstase und Trance mit den Geistern in Kontakt zu treten.

Sibirien gilt als die »Urheimat« des Schamanismus. Die Bezeichnung stammt vom tungusischen Wort »shaman«, das so viel bedeutet wie »der, der aus der Fassung gebracht ist«.

So unterschiedlich die Völker Sibiriens auch sein mögen, bei allen Gruppen finden sich schamanistische Praktiken, die teilweise bis heute ausgeübt werden.

Die Völkerschaften Sibiriens sind heute Minderheiten in einer russisch dominierten Umgebung. Die zur finnisch-ugrischen Sprachfamilie gehörenden Chanten und Mansen (ca. 30 000 Personen) am mittleren Ob oder die Tschuktschen im äußersten Osten (15 000 Personen) unterscheiden sich in ihrer Lebensweise deutlich voneinander. Auch hinsichtlich der Größe bestehen beträchtliche Unterschiede: Die größte Gruppe sind die turksprachigen Jakuten mit 382 200 Personen (1989) in Nord- und Ostsibirien. Die Burjaten am Baikalsee sind mit 160 000 Personen relativ zahlreich, während beispielsweise die Keten in Zentralsibirien am Jenissej nur ca. 1 100 Personen zählen. Die samojedischsprachigen Nenzen beiderseits des Urals zählen heute etwa 35 000 Personen. Eine ähnliche Größe erreichen die Tungusen, deren Siedlungsgebiet sich vom Polarkreis bis nach Nordostchina erstreckt.

Nomaden

Trotz sprachlicher und kultureller Unterschiede kann man heute wie in der Vergangenheit viele Gemeinsamkeiten feststellen: Bis auf die südlichen Jakuten und Burjaten, die vereinzelt Ackerbau treiben konnten, lebten die sibirischen Völker nomadisch, von der Rentierhaltung oder -jagd. Vielfach ergänzte Fischfang oder die Jagd auf Robben das Nahrungsangebot.

Die Russifizierung Sibiriens seit dem 16. Jahrhundert hatte unterschiedliche Auswirkungen. Die Verdrängung des Schamanismus und der Versuch, die Ureinwohner Sibiriens sesshaft zu machen, gelang vor allem bei Gruppen, für die die zaristische Oberherrschaft weniger Zwänge, sondern neue Aufgaben – beispielsweise in der Verwaltung – bereithielt. So bildeten die Burjaten Ende des 19. Jahrhunderts selbst eine Intellektuellenschicht heraus. Die Jakuten blieben in ihrem Gebiet ethnische Mehrheit. Sogar die jakutische Literatur erlangte zu Beginn des 20. Jahrhunderts einige Aufmerksamkeit. Auf andere Gruppen, z. B. die Nganasanen (1989: 1 270 Personen) auf der Taimyr-Halbinsel, hatte die russische Eroberung Sibiriens aufgrund ihrer Abgeschiedenheit kaum Auswirkungen.

Erst in den 1950er-Jahren »gelang« es dem Sowjetstaat, die nomadisierenden Gruppen sesshaft zu machen. Zwangsumsiedlungen und vor allem das Verbot, die eigene Sprache zu sprechen, führten beispielsweise bei den Jukarigen in Nordostsibirien dazu, dass 1989 nur noch 375 von 1 142 Personen Jukarigisch als Muttersprache angaben.

Für einige Gruppen, wie die Tschuktschen, hatte dies verheerende Auswirkungen. In wirtschaftlicher Hinsicht führen sie ein Schattendasein, die Lebenserwartung liegt bei 45 Jahren. Der in den 1960er-Jahren einsetzende Öl- und Gasboom verschlechterte die Lebensbedingungen der Rentiere haltenden Völker, da Weiden vernichtet und Waldflächen abgeholzt wurden.

Kulturelle Identität

Seit Ende der 1980er-Jahre haben sich einige Völker zu Initiativen zusammengeschlossen. Man versucht auf die ökologische Katastrophe aufmerksam zu machen und für die Wahrung bzw. Wiederbelebung der kulturellen Identität zu kämpfen. Erste Erfolge sind zu verzeichnen.

Der Schamanismus spielt im Zuge der ethnischen Wiederbelebung eine wichtige Rolle. Die Einführung von Unterricht in der Muttersprache soll helfen, die 26 Minderheitssprachen zu erhalten.

Auch wenn sich niemand in Sibirien das Stangenzelt zurückwünscht, bei aller Verschiedenheit eint die sibirischen Völker heute eines: der Versuch, eigene Vorstellungen über Sprache, Kultur und Lebensweise durchzusetzen.

Marianne Hartan

10 000/200/20
FILTER
L&M

Der Transsib-Express auf dem letzten Teilstück, der Ussurilinie.

gibt es auch. Er steht auf dem Platz der Revolution, in Arbeitertracht, sauber und poliert wie eh und je.

Unser letzter Zug gen Osten – gen Süden, um genau zu sein – fährt um 19.00 Uhr ab. Wir besteigen ihn mit gemischten Gefühlen – Wehmut darüber, dass der wichtigste Teil der Reise bald zu Ende sein wird, verbunden mit der Sehnsucht, endlich anzukommen. 70 Prozent der Fahrgäste sind Männer in Militärkleidung, kein Wunder, da in Wladiwostok die russische Pazifikflotte beheimatet ist. Selbst der Waggonhüter ist männlich. Der Bahnsteig ist überfüllt mit weinenden Frauen, die mit nach oben gereckten Köpfen ihren Männern hinterherrufen. Sie winken dem Zug lange nach. Die Marinesoldaten stehen noch an den Fenstern, als von Chabarowsk nur noch das Lichtermeer zu erkennen ist.

Wir teilen mit Stanislaw und Alexej, zwei Marineoffizieren, ein Abteil. Von Alexej bekommen wir an diesem Abend den Satz zu hören, der genau jenes Land beschreibt und einfängt, das wir gefunden haben: »Mit dem Kopf kann man Russland nicht verstehen«. So viel haben wir auch verstanden.

Gegenüber:
Straßenhändler in Birobidschan.

Kadetten der russischen Pazifikflotte.

WLADIWOSTOK

Nach 72 Haltestellen – wenn man den direkten Zug von Moskau nimmt – erreicht man Wladiwostok, den Marinehafen mit dem programmatischen Namen »Beherrsche den Osten«. Die 8.30-Uhr-Morgensonne scheint durch die bunten Glasfenster des von Italienern erbauten Bahnhofsgebäudes und vermittelt eine südländische Atmosphäre. Möwen sind wohl frecher als Tauben, denn Lenin, diesmal ganz der Arbeitersohn, begrüßt uns das erste Mal mit weiß besprenkelter Mütze. In den Straßen fällt uns wieder auf, dass fast ausschließlich japanische oder westliche Autos unterwegs sind, russische Fabrikate sind Mangelware.

Die Gegend des heutigen Wladiwostok war schon um etwa 2000 v. Chr. besiedelt. Mitte des 19. Jahrhunderts kamen die ersten Russen und beschlossen den Bau eines Hafens, wofür die von drei Seiten abgeschirmte Bucht ideale Voraussetzungen bot. 1891 erfolgte hier der erste Spatenstich zum Bau der Transsibirischen Eisenbahn durch Zarewitsch Nikolaus. Bis Anfang der 1990er-Jahre war Wladiwostok für Ausländer hermetisch abgeriegelt und selbst Sowjetbürger durften die Stadt nur mit Sondergenehmigung betreten. Heute ist es ein Tummelplatz des organisierten Verbrechens, unter anderem bedingt durch den russisch-chinesischen Grenzhandel. Geschichten über den durchaus schwierigen Job des Bürgermeisters von Wladiwostok, der sich von der Mafia z. B. den Straßenbau finanzieren lässt, sind bis in die deutsche Presse vorgedrungen.

Gegenüber: Endlich am Ziel. Diese Gedenksäule am Bahnsteig markiert das Ende der Transsibirischen Eisenbahn.

Folgende Doppelseite: Blick über den Hafen von Wladiwostok.

Die oft als schön und geradezu romantisch gerühmte, 700 000 Einwohner zählende Stadt entpuppt sich bei näherer Betrachtung eher als ein über Hügel verlaufendes Meer von lieblosen Hochhäusern. Lediglich die Hafengegend bietet – besonders am Abend – einen gewissen Reiz.

9288

LG Intellowasher
Комфорт –
дело техники
LG

Der Zentralplatz von Wladiwostok. Das Denkmal erinnert an die siegreichen Kämpfe der Bolschewiken 1917–1922.

Seit dem 16. September besitze ich in meinem Gepäck einen im Grunde nutzlosen Gegenstand – eine leere 0,33-Liter-Plastikflasche, gekauft am Magdeburger Hauptbahnhof am Tag der Abreise. Heute soll sie als Flaschenpost zum Einsatz kommen. Vom höchsten Punkt über der Stadt entdecken wir eine strategisch gute Stelle am Strand, um sie abzuschicken. Der Weg dorthin enpuppt sich als recht beschwerlich. Nach der belebten Strandpromenade mit zahlreichen Verkaufs- und Imbiss-Buden gelangen wir über einen Schotterweg zum auserwählten Punkt, nicht ohne von einigen Gestalten, denen man außerhalb bestimmter Filme eigentlich nicht begegnen möchte, misstrauisch beäugt zu werden – sofern man das durch die dunklen Gläser ihrer Sonnenbrillen beurteilen kann. Die Flaschenpost landet daraufhin ohne große Umschweife im Pazifischen Ozean und wir machen uns einigermaßen schnell, aber bemüht, unsere Aufregung nicht zu zeigen, auf den Rückweg zur rettenden Uferpromenade.

Um 5.30 Uhr am nächsten Morgen steht Alexander vor der Tür. Er fährt uns zum Flughafen. Unterwegs erzählt er uns von den Zeiten, als die Stadt fast 40 Jahre lang ein Gefängnis war. Wladiwostok war zu sowjetischen Zeiten nicht nur für Ausländer, sondern auch für Sowjetbürger eine geschlossene Stadt. »Ohne Genehmigung kam man nicht raus und nicht rein. Erst seit ein paar Jahren wieder. Meine Eltern fahren heute noch nicht über die Stadtgrenze, weil sie Angst haben, dass sie nicht wieder zurück können«, erzählt Alexander. Als wir an den ehemaligen Kontrollpunkten vorbeifahren, brennt in den Gebäuden noch Licht.

Die nächsten sechseinhalb Stunden warten wir auf unseren Flug nach Irkutsk: Verspätung, weil dort Schneestürme angekündigt sind. Niemand beschwert sich darüber. Die Temperatur in Wladiwostok beträgt angenehme 20 °C. Sieben Stunden später als erwartet sitzen wir endlich im Flugzeug. Wir hoffen, in Russland möge auch diesmal alles unkompliziert über die Bühne gehen, sodass wir unseren Zug in die Mongolei bekommen und damit den letzten Visumstag in Russland glücklich beenden können.

Eigentlich wäre jetzt die Zeit gekommen, ein Fazit zu ziehen. Aber Russland ist ein Land, über das ich kein Urteil fällen kann und will, weil irgendwo immer ein neuer Zeuge, eine neue Version oder ein neues Geständnis auftaucht. Aber ich kann aus dem, was ich gesehen habe, sagen, dass auch hier Jugendliche Peace-Zeichen an Betonwände sprühen, dass die Leute auch gerne und gut leben, dass sie generell wenig Unzufriedenheit zeigen, dass die Mehrheit der Russen viel liest und sich mehr für Politik interessiert – die innenpolitischen Vorgänge zwar nicht immer kennt, aber besser weiß, was los ist in der Welt, als die Deutschen beispielsweise. Dass die russischen Frauen Wert auf gutes Aussehen legen, dass Kommunikation hier ohne viele Phrasen funktioniert und dass Verwaltungsbeamte im Dienstleistungsbereich tatsächlich eine eigene Gattung Mensch sind.

Wenn man in Russland Abenteuer sucht, findet man sie schon in der ersten Parallelstraße zur Uliza Lenina. Es kommt in diesem Land meistens anders, als man denkt, aber man kann sich z. B. darauf verlassen, dass immer jemand Bekanntes am Bahnhof auftaucht – in den meisten Fällen Lenin, der durch stets neue Posen oder Dimensionen überrascht.

Außerdem kann man Russland nicht mit dem Kopf verstehen und deswegen auch nicht, warum wir den billigsten Kaffee ausgerechnet am Flughafen bekommen haben oder warum man in manchen russischen Lokalen nur von 0.00 bis 2.00 Uhr rauchen darf. Einmal bedeutet das Prädikat »amerikanisch« etwas Positives, ein anderes Mal werden damit Menschen charakterisiert, die man als herzlos und armselig erachtet. Es gibt russische Boygroups und viele Internet-Cafés, aber oftmals keine Toiletten mit Wasserspülung.

»Wie kann man die Spur eines Russen aufnehmen?« war eine beliebte Frage in DDR-Zeiten. »Folge den Schrauben eines Autos, die auf der Straße herumliegen, und den Schalenspänen der Kerne, die davon weg führen«, lautete eine von vielen vorurteilsbehafteten Antworten. Ich habe tatsächlich in Autos gesessen, die Schrauben verloren haben, und selbst viele Schalen von Sonnenblumenkernen hinterlassen, und ich habe erfahren, dass auch die Russen selbst über solche Scherze lachen können.

Impressionen von der Pazifikküste bei Wladiwostok.

Durch die MONGOLEI

nach PEKING

Der Express
Peking–Ulan Bator–Moskau.

Wir sitzen erneut am Bahnhof von Irkutsk und wieder warten wir auf einen Zug. Diesmal geht es nach Süden, nach Ulan Bator, in die Hauptstadt der Mongolei. Seit fünf Wochen haben wir keine Touristen mehr getroffen. Nun sitzen vier Schweizer mit uns in dem ungewöhnlich leeren Zug. Gegen Mittag halten wir in Nauschki. In dem Grenzörtchen zur Mongolei haben wir fünf Stunden Aufenthalt. Unser Waggon steht ohne Lokomotive auf dem Abstellgleis und wartet auf die Pass- und Zollkontrolleure am Abend.

Nauschki ist ein ruhiges, verschlafenes Nest, das außerhalb der Bahnstation vermutlich keinen Besucher empfängt. Wir folgen in Gesellschaft der Schweizer der staubigen Dorfstraße zum Fluss hinunter. Kinder spielen am Wegesrand neben grasenden Kühen. Am Ende des Dorfes erhebt sich eine Bergkette mit zartem Baumwuchs auf einem Kamm, den wir an unterschiedlichen Stellen erklimmen. Tote Bäume aus milchfarbenem Holz stecken wie Pfähle im Boden. Inmitten der Sonne, die herausfordernd kitzelt, verbringen wir den friedlichen, heißen Nachmittag. Halme kauend starren wir ins Leere. Es gibt keinen Gegenstand weit und breit, der einem die Sicht nimmt. Es ist eine ganz neue Art von Weite im Vergleich zu Russland.

Gegen Abend kehren wir zurück zum Bahnhof und warten auf die Zugkontrolle. Zwei Armenier und eine Mongolin quetschen sich mit einer Unmenge Gepäck in unser Abteil und leisten uns weitere drei Stunden Gesellschaft, in denen zunächst nichts passiert. Sie war dem Armenier versprochen seit sie zehn war, und seit sie 15 ist, ist sie mit ihm verheiratet. Jetzt ist sie 21 Jahre alt. Ihr Mann ist 36. Er redet über die Mongolei, als wäre es seine Vorstellung von der Hölle.

Endlich regt sich etwas: »Bleiben Sie in Ihren Abteilen!«, zischt eine mongolische Waggon-Provodniza. Kurz darauf stolpern stockbetrunkene Grenzbeamte der russischen Seite in die Abteile, um Zolldeklarationen und andere Papiere wortlos hereinzureichen oder abzuholen. Das Ausfüllen gleicht einer Prüfungssituation, in der man abzuschreiben versucht und auf jeden Fall alles richtig machen will. Wir holen uns Rat bei unseren armenischen Mitreisenden.

Kurz darauf hetzen Mongolen laut und schnell durch den Waggon, beladen mit riesigen Pappkartons. Das Zugpersonal haben wir schon seit Stunden nicht gesehen, wir sollen es erst am nächsten Morgen wieder zu Gesicht bekommen. Langsam puzzeln wir uns aus dem Wenigen, das wir mitbekommen, eine Vorstellung zusammen, was sich hier abspielt. Gut aussehende Frauen stehen mit Wodkaflaschen im hinteren Waggonteil, in den sich schon seit Stunden keiner von uns sechs Ausländern – mit den Armeniern sind wir

Folgende Doppelseite:
Ein Tor mitten im Nirgendwo.

ЭР9п-192

Der Transsib-Express auf seiner 1 088 Kilometer langen Fahrt durch die Mongolei.

acht – mehr traut. Gedanken an einen Blasensprung weichen der Vorstellung, in einem mongolischen Gefängnis um den Anruf nach Hause bitten zu müssen.

Die Schönheiten sind den Zollbeamten, die kaum noch stehen können, gefällig und verschwinden »Wodka, Wodka« gurrend mit ihnen in leeren Abteilen. Immer mehr mongolische Männer und weniger aufgemachte Mongolinnen flitzen mit den riesigen Pappkartons, die sie überall hervorzerren, in den hinteren Zugteil. Einer der Schweizer, der sichtlich verwirrt aus der Gefahrenzone zurückgeschlichen kommt, berichtet atemlos, er hätte eben ganz sicher nichts Legales getan. Seine Tätigkeit bestand darin, die schon erwähnten Pappkartons, die Zigaretten enthalten, aus der geöffneten hinteren Waggontür auf die Schienen zu werfen.

Gegenüber:
Mongolische Steppenlandschaft.

Als nächstes rücke ich vor an die »Front«. Ich bewege mich einfach durch das Durcheinander nach hinten und lande direkt in den Armen eines sehr redseligen Mongolen, der mir auf Russisch vom schönen Deutschland vorschwärmt und bei jedem Wort näher an mich heranrückt. Relativ schnell trete ich den Rückzug an, fürs Erste weiß ich genug.

Das Treiben dauert die ganze Nacht über an: Während die eine

Unten:
Verlassene Hütte in der Gobi.

GEGENÜBER:
Morgenstimmung in einer mongolischen Steppe. Rinder gehören zu den fünf Juwelen der Nomaden. Die übrigen sind Pferde, Kamele, Schafe und Ziegen.

uniformierte Hälfte des Zuges ob der Verführungskünste der Mongolinnen außer Kraft gesetzt ist und darüber hinaus kräftig dem Wodka zuspricht, wickelt die andere Hälfte krumme Geschäfte ab. Die Handvoll Ausländer – vier Schweizer, zwei Deutsche und zwei Armenier, also eine deutliche Minderheit – versucht, nicht von einer der zwei Parteien eingespannt zu werden oder ihnen im Weg zu sitzen.

Die erste Vertrauen erweckende Person in Uniform ist die Schaffnerin, die im Morgengrauen eine betrunkene Mongolin mit brennender Zigarette durch den Zug scheucht. Zehn Minuten später ist Ruhe eingekehrt. Unser Zug setzt sich langsam in Bewegung. Ein Schweizer bittet mich, die Schaffnerin zu fragen, warum wir so lange in Nauschki gestanden haben. Ich erkläre ihm, dass es sicher nicht ungewöhnlich sei, aber er will es erst glauben, als sie mir antwortet »Alles normal«.

Die Spuren der Nacht sieht man auf dem Teppich im Gang. Sie sprechen Bände. Die nächste Unterhaltung führen wir im Raucherabteil mit einem Mongolen. Mithilfe von Zeichnungen auf der beschlagenen Fensterscheibe macht er uns klar, dass er Jäger ist und Büffel geschossen hat. Eine neue Etappe unserer Reise hat begonnen. Vielleicht erwartet uns jetzt Dschingis Khan am Bahnhof? Ich werde Lenin vermissen.

Allmählich wandelt sich die grüne Steppe in eine Wüste. Der Blick aus dem Fenster ist atemberaubend. Vereinzelt ziehen Jurten, Kamel- oder Yakherden vorbei, Straßen scheint

UNTEN:
Tradition und Moderne gehen in der Mongolei Hand in Hand.

UNTEN RECHTS:
Kamele dienen nach wie vor als Lasttiere, weibliche Tiere sind darüber hinaus Milchlieferanten.

Ulan Bator, morgendliche Ankunft am Bahnhof.

es keine mehr zu geben. Kaum vorstellbar, dass dieses Land zu Zeiten Dschingis Khans das Herz des größten Reiches der Weltgeschichte war, das sich von Osteuropa bis zum Pazifik und nach Nordindien erstreckte.

ULAN BATOR

Wir erreichen Ulan Bator gegen 6.30 Uhr am nächsten Morgen. Statt der üblichen Bahnhofsbezeichnung aus Holz oder Stein steht »Ulan Bator« in Leuchtschrift über dem Bahnhofsgebäude. Das Taxi, das uns zu unserer Herberge bringen soll, besitzt einen Taxameter, was seit Polen nicht mehr der Fall war. Wir fahren durch eine Stadt, wie ich noch nie eine gesehen habe.

VORHERGEHENDE DOPPELSEITE: Die Mongolei – das sind vor allem unendliche Weiten. Die Bevölkerungsdichte beträgt nur 1,5 Einwohner je Quadratkilometer. In der Bundesrepublik sind es 230.

In 1500 Meter Höhe, umgeben von den über 2000 Meter hohen Gipfeln des Khentii-Gebirges, liegt Ulan Bator mit seinen 700000 Einwohnern – das entspricht etwa einem Drittel der Gesamtbevölkerung des Landes. Die Hauptstadt der Mongolei ist nach nomadischer Manier mehrmals umgezogen. Sie ist 1639 das erste Mal als Palastansiedlung erwähnt und je nach Weidemöglichkeiten verlegt worden. Zu diesem Zweck gab es Jurten auf Rädern. Seit 1778 ist Ulan Bator, die »Stadt des Roten Helden«, wie man sie nach der Proklamierung der Volksrepublik 1924 nannte, an jenem Ort situiert, an dem sie sich auch heute befindet. Auf Jurtensiedlungen trifft man aller Orten: vor modernen Bankgebäuden, neben historischen Tempelanlagen und zwischen stalinistisch geprägten Wohnanlagen. Weitere Jurtensiedlungen ziehen sich wie ein Gürtel rings um die Stadt.

Bemerkenswert ist auch, dass es kaum Straßennamen gibt, weil es auch keinen Postzustelldienst gibt. Wenn man nach dem Weg fragt, wird einem etwas aufgemalt oder man bekommt die grobe Richtung vermittelt. Sucht man nach einem Museum oder Hotel, erhält man eine Wegbeschreibung als Antwort, keine Adresse.

Ulan Bator ist ein Ort voller Überraschungen. Die Straßen außerhalb des Zentrums bestehen nur aus festgefahrenem Sand. Ein Pferdegespann mit Holz beladen hält neben unserem Mercedes-Taxi. Hinter uns fährt ein Jeep, gefolgt von einem Reiter in mongolischer Tracht. An der Ampel stehen eine modern gekleidete Frau, ein Lama-Mönch und ein Mann mit einem selbst gebauten Wagen, auf dem ein Wasserbehälter montiert ist,

Regenwolken über der Stadt. Im Vordergrund ein Theater, links im Hintergrund der auffällige Neubau der Ulan Bator Bank.

Traditionell gekleidete Mongolen mit Pferden sind in der Hauptstadt der Mongolei ein alltägliches Bild.

Buriad, der

STADTMONGOLE

Buriad Batar holt eine Schüssel Stutenmilch aus dem Kühlschrank. Er füllt die säuerliche Milch seiner Pferde in eine Schale und bietet sie der Reihe nach den Anwesenden an. Dann setzt er sich auf einen Schemel, richtet den großen Ständerventilator neu aus und sagt: »Reine Luft und reine Milch sind wichtig.«

Vier Liter Airag, Stutenmilch, trinkt er pro Tag. Seine Stadtwohnung in einem großen, von den Sowjets errichteten Plattenbau, ist nichts für ihn. Er hat sie seinen Töchtern überlassen und seine Jurte drei Kilometer außerhalb des Stadtzentrums aufgestellt, wo die Steppe beginnt.

Pferde, Kühe, Schafe und Wölfe

Neben der Jurte steht ein Bau, dessen Architektur den sowjetischen Einfluss von einst verrät: das landwirtschaftliche Institut der Universität Ulan Bator. Ein Kabel aus einem Fenster im ersten Stock führt in die Jurte und liefert den Strom für den russischen Kühlschrank, den japanischen Fernseher, den Ventilator und den Plattenspieler.

Buriad Batar ist Tierarzt und war Dozent an der Uni. Heute ist er pensioniert und hält sich hinter der Jurte 30 Pferde, zehn Kühe, 20 Schafe und Ziegen. »Letzte Woche haben die Wölfe zwei Schafe gerissen«, sagt er fast beiläufig, als seien Wölfe in Stadtnähe eine normale Sache. Dann beginnt er zu erzählen, ruhig und konzentriert: »Ich wurde 1936 am Fuß des heiligen Bergs Bundai geboren.« Es sei ein wunderschöner Ort in der Provinz Gobi-Altai, es gebe da Wasser und einige berühmte Sänger, sagt Buriad, der – wie alle Mongolen – nur mit dem Vornamen angesprochen wird.

In die Hauptstadt ist er erstmals als Student gekommen. Er wollte Tierarzt werden, doch stand dieser Wunsch in Konkurrenz zu seiner Leidenschaft für das Singen. Besonders der spezielle Langgesang, der in der endlosen Steppe der Mongolei entstanden ist, war seine Stärke. Mehrere Gesangswettbewerbe hatte er gewonnen und ein Musikfestival in Moskau war in Vorbereitung.

»Sollte ich also nach Moskau fahren und eine Karriere als Sänger beginnen?«, fragt Buriad. Alle drängten ihn dazu. Nur sein älterer Bruder riet ihm davon ab. Er sagte damals, in der Blütezeit des Kommunismus würden die riesigen Viehherden Fachkräfte brauchen. Die Arbeit werde nie ausgehen. Das war 1959. Plötzlich beginnt Buriad zu singen und die Jurte füllt sich mit der Weite des mongolischen Graslandes. Das Lied handelt von der Liebe und von Pferden. Tränen laufen ihm übers Gesicht: »Ich habe mich für das Studium entschieden und es nie bereut. Die Tiere, die nicht sagen können, wo es weh tut, taten mir Leid.«

Als Mitglied des Ministeriums für Land- und Forstwirtschaft wurde er zur Weiterbildung in die DDR geschickt. Buriad war einer von drei mongolischen Tierärzten, die an der Humboldt-Universität neue Technologien der Milchanalyse studierten. Seine Frau blieb derweil zu Hause und kümmerte sich um die beiden Kinder.

Das neue Wissen bescherte ihm in der Heimat Erfolg: Bis vor fünf Jahren arbeitete er als Dozent. Jetzt erhält er monatlich knapp 20 Euro Rente – und unterstützt davon auch noch seinen Sohn Batbold, der mit seiner Familie nebenan wohnt. Der Sohn kümmert sich tagsüber um die Tiere. Am Abend zieht er einen schwarzen Frack an und geht in die Stadt, um seinen eigentlichen Beruf auszuüben: Er spielt die Tuba im Orchester der Staatsoper.

Geige spielen, Stuten melken

Seine Frau Tsolmon hat früher die Geige gespielt. Heute melkt sie die Stuten, fünfmal am Tag. Der Verkauf der Milch sowie das Fleisch der Schafe und Kühe bringen etwas Geld ein. Batbold würde gerne als Fahrer arbeiten, weil die Musik eine brotlose Kunst geworden ist. Doch sein Vater Buriad sagt: »Mir geht es gut. Ich bin mit meinen Lieblingstieren zusammen, den Pferden. Zu reiten und dabei ein Lied zu singen ist das Schönste auf der Welt!«

Daniel B. Peterlunger

Eine Jurte mitten in einem Wohngebiet.

Vom Denkmal zu Ehren der siegreichen Roten Armee am Stadtrand hat man einen guten Blick über die 700 000-Einwohner-Metropole. Allerdings ist Ulan Bator architektonisch nicht sonderlich reizvoll.

Gegenüber:
Alle Mongolen lieben Wassermelonen. Da sie importiert werden müssen, gelten sie als besondere Delikatesse.

Unten:
Die mongolische Flagge vor der verspiegelten Fassade des Dschingis-Khan-Hotels.

nebeneinander. Der Verkehr wird kurz aufgehalten durch eine Frau, die mit einem überdimensional großen Besen die Straße kehrt.

An einem Holztor halten wir schließlich an. Das Gästehaus, in dem wir uns einquartieren, besteht aus verschiedenen Jurten auf einem umzäunten Grundstück. Wir bekommen eine eigene Jurte zugewiesen. Jemand zeigt uns, wie wir Feuer machen sollen, wo man Holz hacken kann und wo die Decken sind.

In der klaren kalten Morgenluft erkennen wir unweit von unserer Bleibe eine Tempelanlage – das buddhistische Kloster Gandan, dem wir sogleich einen Besuch abstatten. Gandan zählt zu den wenigen Klöstern des Landes, die die antireligiösen Säuberungskampagnen der 1930er-Jahre überstanden haben. Als wir ankommen, erwacht gerade alles. Unzählige Tauben sitzen auf einem der Innenhöfe und lassen sich von den Mönchen füttern. Plötzlich erheben sich alle Tiere gleichzeitig ohne offensichtlichen Grund. Das tosende Flügelschlagen verursacht Wind. Es sieht aus wie ein weiches, graues Tuch, das sanft nach unten fällt, als sie sich wieder niederlassen. Vom Maidar-Tempel, wo uns ein beeindruckender Buddha grüßt, kann man weit über die Stadt blicken – aber eine Schönheit ist Ulan Bator mit seinen wenigen modernen Bauten, die sich aus einem grauen Häusermeer erheben, wahrlich nicht.

Die Zeit in Ulan Bator vergeht auf eine sonderbare Weise anders, als man es gewohnt ist. Es ist eine Stadt voller Kontraste – durch die unterschiedlichen Architekturstile und die Parallelität, in der verschiedene Gesellschaftsgruppen nebeneinander existieren. Die Mischung aus Tradition und Moderne wirkt wie ein exotisches Experiment. Die Stadt gleicht einem wabernden Organ, in dem man herumfahren kann. Der verbrauchte Atem vernebelt die Sicht, die Straßenszenerien verwirren den Geist. Man trifft häufiger auf

Internetclubs als in russischen Städten, auf Kühe, die auf der Straße herumlaufen, auf Autos, die direkt auf der Straße repariert werden, und öffentliche Wasserzapfstellen. Verständigen kann man sich fast ausschließlich durch Zeichensprache.

Nach drei beeindruckenden Tagen in Ulan Bator fahren wir am späten Abend in Richtung Tereldsh. Der Radiosender fällt schon fünf Minuten nach der Stadtgrenze aus und wir holpern eine Straße entlang irgendwo in die Berge, um zwei Stunden später todmüde in unserem nächsten Gasthaushalt anzukommen. Um 7.00 Uhr werde ich von einem einzigen goldenen Strahl der Sonne durch den Türspalt geweckt. Aufgeregt wickele ich mich aus den Decken und öffne die Tür unserer Jurte, um die Umgebung in Augenschein zu nehmen. Wir waren so spät angekommen, dass kaum etwas zu sehen gewesen war.

UNTEN:
Alte Mongolin.

FOLGENDE DOPPELSEITE:
Familie in einer Jurte.

Weißer Atemnebel erscheint, als ich in die kalte Morgenluft hinaustrete. Die Jurte ist umgeben von Sandsteinbergen und ein paar Felsformationen. Auf den Höhenzügen am Horizont ist über Nacht etwas Schnee gefallen. Wir befinden uns im Tereldsh-Nationalpark, dem meistbesuchten Schutzgebiet des Landes, in dem zahlreiche seltene Wildtiere heimisch sind. Am Hang knabbern Ziegen die wenigen gefrorenen Grasbüschel ab. Der

Schnee legt sich über die mongolische Steppenlandschaft – eine Seltenheit, denn die Mongolei ist ein extrem niederschlagsarmes Land.

Wind ist so weich, als würde man von ihm gestreichelt. Im Frühjahr, so sagt man uns, ist die Steppe für kurze Zeit ein Meer aus blühendem Edelweiß. Jetzt ragen vereinzelt die vertrockneten Halme dieser Blumen aus dem kargen Boden.

Eine Frau winkt aus der Nachbarjurte. Sie macht das Zeichen für Essen und das Zeichen für warm. Ich bejahe beides, ebenfalls in Zeichensprache. In der Familienjurte gibt es zwei Betten, einen Geschirrschrank, ein Schränkchen mit alten Fotos, ein Buch über mongolisches Kunsthandwerk, den obligatorischen Ofen in der Mitte des Raumes, ein kleines Tischchen und einen Fernseher.

Nach dem Frühstück hacken wir Holz, bessern mit den drei Söhnen der Familie Jurten aus und gehen mit einer großen Kanne zum einen Kilometer entfernt

Der berühmte Schildkrötenfelsen zwischen Tereldsh und Ulan Bator.

Polo und Adlertanz

IN DER MONGOLISCHEN STEPPE

OBEN:
Zieleinlauf beim Rennen der sechsjährigen Pferde.

Ehrengäste tragen würdevoll schreitend einen langen Holzstab, an dem weißes Pferdehaar hängt, über die Wiese bei Karakorum. Musik spielt, Zuschauer klatschen. Festlich gekleidete Reiter galoppieren vorbei, eine Staubwolke treibt über die Ebene. Das Naadam, der Nationalfeiertag, den die Mongolei am 11./12. Juli feiert, ist eröffnet. Vor einem solchen Zeremonialstab hatte sich Dschingis Khan verbeugt, bevor er im Jahr 1206 den Thron bestieg und Karakorum zur Hauptstadt machte.

Aber nicht der alte Khan ist der Grund für das Naadam, sondern die kommunistische Revolution von 1921. Sie wird gefeiert, obschon das Land seit Anfang der 1990er-Jahre nicht mehr kommunistisch ist. Der eigentliche Ursprung des Naadams, das aus den klassischen mongolischen Sportarten Pferderennen, Ringen und Bogenschießen besteht, liegt Jahrhunderte zurück.

In der Hauptstadt Ulan Bator ist das Naadam stark kommerzialisiert. Das Bogenschießen hat in den letzten Jahren an Bedeutung verloren, die Teilnehmerzahlen sind zurückgegangen, in den Dörfern wird es kaum noch ausgetragen. Die Rennen und

Ringkämpfe hingegen flimmern stundenlang über die Fernsehgeräte, unterbrochen von Werbung.

35 Kilometer gegen den Wüstenwind

Auf dem Land, wie hier in Karakorum, verläuft das Naadam etwas anders: Der Kommentator hat ein knisterndes Mikrofon auf dem wackeligen Pult, auf dem auch ein russisches Radiogerät leise Musik spielt. Wenn der Platzsprecher nichts mehr zu melden weiß, hält er das Mikrofon vors Radio und Musik scheppert über die Steppe. Man wartet auf den Zieleinlauf der sechsjährigen Pferde. Es ist heiß und trocken, ein starker Südwind aus der Wüste Gobi bläst, ein Festzelt fällt um, alle lachen. Das Feuerwehrauto spritzt die Zuschauer nass. Der Wasserstrahl – in andern Ländern löst man damit Demonstrationen auf – ist eine willkommene Dusche. Mongolen sind hart im Nehmen.

Plötzlich galoppiert das erste Pferd heran. Der Reiter ist ein achtjähriger Junge. Auch viele Mädchen reiten. Der Applaus gilt nicht dem Reiter, sondern dem verehrten Pferd. Aber das Ziel ist noch nicht erreicht. Die Zuschauer drängen in den Zielraum, dem Sieger entgegen. Naadam-Helfer versuchen eine Gasse ins Ziel zu öffnen. Vergebens. Tosender Beifall umbrandet Reiter und Pferd, als sie nach 35 Kilometern Renndistanz schwer atmend inmitten des berittenen Publikums über die Ziellinie wanken. Der Fall ist klar, die Rivalen liegen hundert Meter zurück.

Stutenmilch aus dem Lastwagen

Beim Einschreibebüro für die weiteren Rennen auf jüngeren Pferden und Hengsten wird gedrängelt. Das »Büro« ist ein Auto, um das sich die Reiter scharen. Sie bleiben im Sattel, um die Formalitäten zu erledigen. Danach geht's im Trab zur Startlinie, die weit

FESTE & TRADITIONEN

Die Siegesprämien und Geschenke, meistens gespendet von Privatunternehmen, sind für mongolische Verhältnisse überwältigend: Der Sieger der Ringer erhält 5 000 Dollar und den neuesten Toyota-Landcruiser im Wert von rund 50 000 Dollar – ein Monatslohn beträgt 40–60 Dollar. An den Pferderennen in Ulan Bator kann ein Rang unter den ersten fünf den Verkaufswert eines Pferdes verhundertfachen. Pferde werden manchmal »chemisch beschleunigt«, gedopt, bevor sie ihre Besitzer – früher Fürsten, heute oft Firmen – ins Rennen schicken. Es kommt auch vor, dass Pferde im Ziel tot zusammenbrechen. Dann weinen die pferdeverrückten Mongolen. Mit 2,5 Millionen Pferden im Land hat im Schnitt jeder Mongole eines, am Start sind jeweils Hunderte.

Das Naadam bietet natürlich auch Gelegenheit, wichtige Neuigkeiten auszutauschen.

Zum Naadam, der alljährlichen mongolischen »Olympiade« finden sich in sämtlichen Provinzen des Landes Tausende ein.

entfernt in der Steppe liegt. Bis zum nächsten Zieleinlauf wird es eine Weile dauern. Das Publikum zerstreut sich und besucht den Lastwagen-Parkplatz. Mit offener Heckklappe stehen die alten russischen Ungetüme in Reihe. Es sind Verkaufsläden mit Klamotten, Krimskrams und Getränken: Wodka, Cola, Stutenmilch. Die Verkäufer sitzen auf der Ladefläche. Sie ist der Ladentisch und hat exakt die richtige Höhe für berittene Kunden. Nomaden sind von überall her angereist; man trifft sich, diskutiert, schlachtet ein Schaf – unten am Fluss Orchon, in Sichtweite des Festplatzes.

Machos in Höschen und Kampfjacke

Gleich geblieben ist die ursprüngliche Wildheit der Ringer, die sich zum Kampf umziehen: ein Hut, dicke Stiefel, ein knappes Höschen und ein keckes Jäckchen ohne Brustteil. Der freie Blick auf die nackte Brust ist gewollt und in der Historie begründet: Eine als Mann verkleidete Frau hatte vor langer Zeit die mongolischen Machos besiegt. Die spezielle Kampfjacke wurde Pflicht – ein simpler Geschlechtstest in der Steppe.

Ein Schiedsrichter nimmt die Hüte der zwei Kämpfer entgegen, der Kampf ist eröffnet. Wer den Boden außer mit den Füßen berührt, hat verloren. Der Kampf ist hart und rau. Die Zuschauer sind unparteiisch, sie feuern keinen an, applaudieren aber dem Sieger. Der muss nach dem Kampf tanzen und seine Arme durch die Luft bewegen wie die Schwingen eines Adlers. Das gelingt nicht immer, herzliches Gelächter vom Publikum ist der Lohn. Am Ende des Tanzes wirft er steinharte Käsestücke ins Publikum und tritt ab. Dann folgt die nächste Paarung.

Wer sieben Gegner besiegt hat, trägt den Titel »Elefant«; ein Naadam-Sieger ist ein »Löwe«; wer zweimal am Staats-Naadam in Ulan Bator siegt, ist ein »Gigant« und darf nach weiteren Gesamtsiegen jeweils ein Attribut hinzufügen. Bajanmunch, einer der

Ein junger Ringer auf dem Weg zum Kampf. Neben ihm ein Schiedsrichter.

»Der Sieg im Staats-Naadam-Pferderennen in Ulan Bator oder bei den Ringkämpfen hat einen ähnlichen Wert wie der Meistertitel in der Fußball-Bundesliga!«

erfolgreichsten Ringer des Landes, hieß »Der gefällige, landesweit berühmte, mächtige, unbesiegbare Gigant«.

Sport-Missionare aus England

Beim Bogenschießen gewinnt jeder eine Auszeichnung, wenn er oder sie – Frauen jeden Alters nehmen teil – mehrere in 70 Meter Distanz aufgestellte Lederbälle trifft. Am Ziel stehen Schiedsrichter, die je nach Trefferzahl unterschiedlich hüpfen: tänzerische Resultatübermittlung. Geschossen wird mit traditionellen Bögen, die mit spitzen Pfeilen tödliche Waffen wären. Beim Naadam sind jedoch nur gerundete Spitzen im Einsatz.

Auf englische Initiative hin wurden Mitte der 1990er-Jahre Polo-Teams gebildet, mit verschiedenfarbigen T-Shirts eingekleidet und aufeinander losgelassen. Die Idee des Mannschaftssports schien den Mongolen unbekannt. Sie kämpften gegen den eigenen Teamkollegen, wenn er in Ballbesitz war, und hämmerten die Kugel, wie das im Polo korrekt heißt, weit übers Land. Jetzt klappt's besser. Taktisch geschickt rasen sie über die Wiese. Manchmal stellen sich berittene Zuschauer mitten aufs Spielfeld. Das stört die Engländer, aber vielleicht geht es den Gästen aus Europa nur um die hervorragenden Reiter und Pferde. Die Mongolei als Nachwuchsreservoir für den Rest der Polo-Welt?

Der englische Spielleiter gebietet lautstark Ruhe. Die Mongolen grinsen und würdigen beim Wegreiten die bedruckten Tücher – Bandenwerbung, die von den Engländern mitgebracht wurde – keines Blickes. Der Zuschaueransturm macht klar, wo das Interesse der Mehrheit liegt: beim Renn- und Ringplatz. »Das diesjährige Naadam war ein großer Erfolg!«, wird die *Ulan Bator Post* auf der Titelseite melden – wie jedes Jahr.

Daniel B. Peterlunger

Mädchen und Jungen zwischen sechs und 14 Jahren sind wegen ihres geringen Körpergewichts die bevorzugten Jockeys beim Naadam. Sie trainieren das ganze Jahr über.

东风
(5)
DF5 4005

gelegenen Bach, um Wasser zu holen. Die Zeit vergeht wie im Fluge. Schon am nächsten Tag fährt unser Zug weiter nach Peking. Auf der Rückfahrt von Tereldsh nach Ulan Bator kommen wir an dem berühmten Schildkrötenfelsen vorbei, einem Naturmonument, das auf verblüffende Weise einer Schildkröte gleicht.

Am Bahnhof in Ulan Bator geht es hektisch zu. Wir haben zum ersten Mal ernsthaft Sorge um die Sicherheit unseres Gepäcks. Unser Abteil teilen wir mit einer jungen Chinesin und einem etwas älteren chinesischen Mann. Die Landschaft verändert sich nicht sonderlich. Wir fahren durch die gigantische Sandwüste Gobi und sehen fasziniert zu, wie die Spuren der Zivilisation langsam zurückbleiben.

An der Grenze zu China haben wir einige Stunden Aufenthalt. Wir müssen den Zug verlassen. Die Waggons verschwinden in einer großen Halle, wo sie auf andere Fahrgestelle gehievt werden, denn in China ist der Schienenabstand geringer.

Die Grenzkontrolle verläuft nicht so ereignisreich wie jene von Russland in die Mongolei. Wir arbeiten mit unseren chinesischen Mitreisenden gemeinsam an den Zollformularen. Am besten immer »nein« ankreuzen, scheint der Chinese sagen zu wollen. Er strahlt eine gewisse Kompetenz aus und füllt das Formular für die junge Frau gleich mit aus.

LINKS:
Eine chinesische Dong Feng 5 zieht die Reisezugwagen aus der Umspurhalle in Erlian.

RECHTS:
Umspurarbeiten an der mongolisch-chinesischen Grenze.

Die mongolische Wüste Gobi behält ihr Gesicht noch lange nach der chinesischen Grenze bei. Es geht weiter durch endlose Sandebenen. Später, während der Fahrt durch chinesisches Grenzland, fällt nur dann und wann eine kleine Ortschaft ins Auge. Emsige chinesische Bauern ernten riesige Maisfelder mit Eselfuhrwerken ab.

In der Mongolei, dem bevölkerungsärmsten Land der Erde, lebt ein Mensch pro Quadratkilometer. Das Nachbarland China, das bevölkerungsreichste Land der Erde, beherbergt 130 Menschen pro Quadratkilometer. Noch sieht man davon jedoch nichts.

Der Zug befährt den alten, traditionellen Handelsweg von Peking nach Moskau. Hier haben einst die chinesischen Kaiser mit den russischen Zaren Geschäfte gemacht. Stellenweise rechts oder links der Bahngleise entlang der Grenze, sieht man bis zu zehn Meter hohe Gebäudereste aus Ton. Die leeren, wie gigantische Burgen wirkenden Außenmauern sind die Überbleibsel riesiger Karawansereien entlang des Handelsweges. Karawansereien – ein Begriff aus dem arabischen Kulturkreis – waren Unterkünfte für Reisende an Karawanen-Straßen, vergleichbar den Motels aus unserer Zeit. Kamele und Reiter, die jeden Tag weite Strecken zurücklegten, brauchten gegen Abend Unterstand. Die mit kostbaren Waren schwer beladenen Kamele wurden nach einer Tagesreise mit Wasser versorgt und waren vor allem vor Übergriffen der Wüstenvölker geschützt. Für Sicherheit, Wasser und Unterkunft wurde bezahlt.

Diese Schutzfunktion haben die Ruinen bis in die Gegenwart behalten. Hinter den Mauerresten verbergen heute chinesische Bauern ihr Vieh und schützen es vor den

Der Zug in China, im Hintergrund die Große Mauer.

GEGENÜBER:
Die Wüste Gobi, eine extrem lebensfeindliche Landschaft, in der nur Nomaden eine Überlebenschance haben. Der Steppenwind türmt den Sand zu Dünen von bis zu 300 Metern Höhe auf.

LINKS:
Der Express im mongolisch-chinesischen Grenzgebiet.

In China legt der Zug insgesamt 842 Kilometer zurück, die Fahrzeit beträgt 17 Stunden 20 Minuten.

Gefahren der Wüste, allen voran vor den häufigen Sandstürmen. Ganze Ortschaften haben sich die alten Mauern als Windschutz zu Eigen gemacht.

Auf unserer Chinakarte ist an diesem Streckenabschnitt ein Stück der Großen Mauer eingezeichnet. Die junge Chinesin bei uns im Abteil kramt ein Bruckstück ihres englischen Wortschatzes hervor. »Big, big«, gestikuliert sie, als sie ein Foto der chinesischen Mauer erblickt. Ich bin mir nicht sicher, ob alle Chinesen die Geschichte der chinesischen Mauer kennen. Wahrscheinlich war sie einfach schon immer da.

Die Große Mauer, auch chinesische Mauer, wurde über Jahrhunderte hinweg zum Schutz gegen die nördlichen Grenzvölker, hauptsächlich die Mongolen, errichtet. Schon Dschingis Khan hatte sein Begehren auf China gerichtet, aber erst unter Khublai Khan eroberten die kriegerischen Mongolen im 13. Jahrhundert die letzten Teile des »Reiches der Mitte«. Khublai Khan begründete die Yuan-Dynastie, die von 1271 bis 1368 als erstes nicht-chinesisches Geschlecht China regierte. Durch ihre Reitkünste waren die Mongolen, die sich in alle Himmelsrichtungen ausbreiteten, den sesshaften und des Reitens nicht mächtigen Chinesen weit überlegen. Die Chinesen nutzten Pferde ausschließlich für den Ackerbau, die Mongolen setzten sie als Waffen ein.

Die Große Mauer, das längste Bauwerk der Erde.

Als es den Herrschern der Ming-Dynastie im 15. Jahrhundert gelungen war, die Mongolen hinter die vorhandenen Befestigungsanlagen zurückzudrängen, erweiterte und vergrößerte man die Große Mauer bis auf die Gestalt, die wir heute stellenweise noch sehen können. Rund 6250 Kilometer lang, zwischen sechs und 16 Meter hoch, durchschnittlich acht Meter breit und ausgestattet mit zweistöckigen Wachtürmen und Toren, ist die Große Mauer der Stein gewordene Ausdruck kollektiver Angst.

Am nächsten Nachmittag, pünktlich um 15.33 Uhr, rollt unser Zug in Peking ein. Es erwartet uns ein Bahnhof von den Ausmaßen eines Flughafens. Wir sind im Reich der Mitte angekommen und fühlen uns fast noch fremder als in der Mongolei. Die Stadt ist gigantisch, wir verstehen kein Wort und werden von allen Seiten angestarrt.

Russland fehlt mir schon jetzt.

Peking, Hauptbahnhof.

Praktische REISETIPPS

WICHTIGES VORAB

1 Transsib-Reisen auf eigene Faust durchzuführen ist äußerst schwierig und in der Regel teurer als eine organisierte Reise.

2 Mit Spartickets von der Deutschen Bahn ist eine Fahrt ohne Unterbrechungen manchmal möglich, mit Unterbrechungen selten, da es bei den Bettplatzbuchungen hapert.

3 Visa frühzeitig einholen! Alle Transsib-Länder sind visumspflichtig und man muss für die Einholung sämtlicher Visa mit bis zu zehn Wochen rechnen: Weißrussland (Transitvisum wird erst erteilt, wenn das russische Visum bereits im Pass ist! Acht Tage plus Postweg), Russland (drei Wochen plus Postweg – man benötigt eine Einladung vom Reiseveranstalter und den Nachweis einer in Russland gültigen Reisekrankenversicherung), Mongolei (eine Woche plus Postweg) und China (eine Woche plus Postweg). Eingeschriebene Sendungen der Deutschen Post haben eine Laufzeit zwischen einem und fünf Tagen!

4 Sicherheit: Man muss in den Transsib-Ländern genauso vorsichtig sein wie bei Reisen in Europa. Keine Privateinladungen annehmen und keine inoffiziellen Taxis benutzen. Diebstahl auf Bahnhöfen ist generell und ganz speziell in Ulan Bator ein Problem, außerdem gibt es besonders in Ulan Bator viele Taschendiebe (s. ›Diebstahl‹).

5 Wenn Züge abfahren, ertönen keine Abfahrtssignale. Die Aufenthaltsdauer in großen Städten liegt zwischen 14 und 36 Minuten, in den kleineren Stationen zwischen 1 und 5 Minuten. Wenn ein Zug Verspätung hat, werden die geplanten Stopps mitunter verkürzt! Die Zugbegleiter sorgen immer dafür, dass Reisende am richtigen Bahnhof aussteigen, auch mitten in der Nacht!

6 Abfahrts- und Ankunftszeiten werden in Russland auf Bahnfahrkarten und Fahrplänen immer in Moskauer Zeit angegeben. Man muss sich die entsprechende Ortszeit selbst ausrechnen (s. ›Zeitverschiebung‹). Bei Verabredungen mit russischen Freunden sicherstellen, ob Moskauer Zeit oder Ortszeit gemeint ist!

7 Expresszüge verkehren ab Moskau nicht täglich, sondern in der Regel jeden zweiten Tag. Zweimal wöchentlich besteht eine direkte Verbindung Moskau–Peking.

8 Fahrtunterbrechungen sind nicht spontan möglich! Für alle Teilstrecken müssen extra Fahrkarten ausgestellt werden.

9 Flugtickets von und nach China müssen frühzeitig reserviert werden!

10 Aus Sicherheitsgründen ist vom Zelten in Russland und der Mongolei abzuraten; in China ist Zelten verboten.

11 Visaregistrierung sofort nach der Ankunft im Hotel vornehmen, da es sonst kostspielige und unangenehme Probleme mit der Polizei geben kann!

12 Bei der Einreise nach Russland unbedingt eine Zolldeklaration ausfüllen, abstempeln lassen und für die Ausreise gut aufbewahren!

ANREISE/ABREISE

Der Check-in bei In- und Auslandsflügen beginnt im Allgemeinen 1,5–2 Stunden und endet 40–45 Minuten vor dem Abflug. Eine Rückbestätigung ist z. B. bei Aeroflot- und Lufthansaflügen nicht erforderlich (kann aber nie schaden).

Russland: Die An- bzw. Abreise nach Moskau bzw. St. Petersburg kann per Flug, Zug oder Bus erfolgen. Für Flüge nach Moskau und zurück, z. B. ab Wladiwostok oder Irkutsk via Moskau, bietet sich die Aeroflot an. Bei Anreise per Bahn ist ein durchgehender Zug empfehlenswert – z. B. ab Köln und Berlin, Fahrkarten gibt es an jedem Bahnhof. Wer mit Umsteigen bucht, steht u. U. am Umsteigebahnhof mit einer gültigen Fahrkarte, jedoch ohne Bettreservierung. Die Landschaft zwischen Westeuropa und Moskau ist flach und wenig aufregend und man benötigt ein kostenpflichtiges Transitvisum für Weißrussland. Die Bahnfahrt ist in erster Linie für denjenigen interessant, der einmal im Leben »vor der Haustür« in den Zug steigen und in Wladiwostok bzw. Peking wieder aussteigen möchte. Busreisen sind die preisgünstigste, aber auch anstrengendste Variante (z. B. Eurolines: www.deutsche-touring.com).

China: Gabelflüge mit Hinflug nach China und Rückflug ab Moskau oder St. Petersburg bzw. umgekehrt bietet die Lufthansa an. Man beachte beim Abflug in China, dass man die Flughafengebühr bar in chinesischer Währung bezahlen muss. Tipp: Die entsprechende Summe gleich in das Flugticket legen!

Mongolei: Direktflüge von Berlin nach Ulan Bator bietet einmal pro Woche nur die mongolische MIAT. Von Moskau aus kann man einmal wöchentlich mit der Aeroflot nach Ulan Bator fliegen. Zwischen Peking und Ulan Bator verkehren abwechselnd die MIAT und die chinesische Air China. Die Strecke Irkutsk–Ulan Bator wird zweimal wöchentlich von der MIAT bedient.

AUSRÜSTUNG

Für das Hauptgepäck eignet sich am besten eine Reisetasche oder ein Koffer (Hartschalenkoffer sind ungünstig, da nicht flexibel). Für das Handgepäck ist ein kleiner Rucksack oder eine kleine Tasche am praktischsten.

Bei Flügen gilt 20 kg Freigepäck. Auf innerrussischen Flügen wird mitunter alles inkl. Handtasche und Fotoapparat gewogen. In Zügen gilt 35 kg Freigepäck, wobei in Russland so gut wie nie kontrolliert wird. In Peking hingegen wird das Gepäck ganz genau gewogen! Jedes überschüssige Kilogramm kostet! Ein Fahrrad kann man nur dann ins Abteil mitnehmen, wenn es zerlegt ist und in eine Reisetasche oder einen Koffer passt.

Ein Reiseführer für die Reisevorbereitung und als Reisebegleiter gehört unbedingt ins Reisegepäck. Sehr empfehlenswert ist ›Reisen mit der Transsib‹ (10 Auflagen seit 1986 im Eigenverlag der Autorin Doris Knop, ab 2003 im Reise Know-How Verlag).

Einige Passbilder sowie eine Passkopie inklusive der Passseiten mit den Visa können im Falle eines Verlustes Wunder wirken. Eine zusätzliche Kopie am besten bei Freunden hinterlegen.

Fotozubehör: Ausreichend Filme mitnehmen (lichtempfindliche Filme ermöglichen auch während der Fahrt scharfe Aufnahmen) und an genügend Batterien denken. Ein Stück schwarzer Stoff (etwa 3x3 Meter), mit dem man bei bestimmtem Sonneneinfall alles im Abteil abdecken kann, verhindert Spiegelungen bei Landschaftsaufnahmen durch das

Zugfenster. Ein 7 Meter langes Verlängerungskabel ermöglicht das Laden von Akkus im Abteil, denn Steckdosen gibt es nur auf dem Gang, wo Akkus leicht entwendet werden können.

Ein Fensterputzgerät mit Teleskopgriff ist besonders für Fotofans ein Muss. Außer in Großstädten liegen die Bahnsteige sehr niedrig und damit die Zugfenster so hoch, dass man sie nur auf diese Weise putzen kann.

Walkman – nicht nur, um schlaflose Nächte zu überbrücken, sondern auch für Tonaufzeichnungen.

Reisewecker – falls der Weckdienst einmal nicht funktioniert und für doppelte Uhrzeiten: die Armbanduhr für die jeweilige Ortszeit, den Wecker für Moskauer Zeit.

Tesaband oder Gewebeband (je breiter desto besser) – z. B. für Reparaturen von Gepäckstücken, zum Befestigen störender Gardinen und zum Ankleben von Landkarten im Zugabteil. Flüssiger Klebstoff ist u. a. beim Aufkleben von Briefmarken hilfreich. Marker und wasserfeste Filzstifte eignen sich zum Markieren der Reiseroute auf der Landkarte oder von Textstellen im Reiseführer.

Thermometer für die Außentemperaturen – am besten mit Klebestreifen, sodass man es außen am Fenster anbringen kann (beim Aussteigen nicht vergessen!). Kleine Taschenlampe für alle Fälle, Zwischensteckerset und Fernglas (besonders empfehlenswert für die Weiterreise per Schiff nach Japan oder Korea).

Kaffee- bzw. Teezubehör – Kaffeepulver, Teebeutel, Trockenmilch und Zucker. Trinkbecher aus unzerbrechlichem Material und Besteck sowie ein Taschenmesser mit Schere und Flaschenöffner sollten im Gepäck nicht fehlen.

Plastiktüten mit Griffen kann man als leicht erreichbares Abfallsäckchen im Abteil an den Türgriff hängen. Eine Rolle Gefrierbeutel oder kleine Müllsäcke sind z. B. für Einkäufe auf Bahnsteigen nützlich.

Toilettenartikel und Medikamente: Ganz besonders wichtig ist die Mitnahme eines wirkungsvollen Mückenmittels (z. B. das erfolgreich an sibirischen Mücken erprobte Mosiguard, s. ›Gesundheit‹). Ebenfalls nützlich sind Papiertaschentücher (auch als Toilettenpapier und Serviette geeignet), Lippenbalsam, Ohrwachs, Mittel gegen Reise- und Seekrankheit, Erkältungsmittel, Abführ- bzw. Durchfallmittel, Schmerztabletten, Vitamin-Brausetabletten, Nasentropfen, Hustensaft, Halstabletten, Blasenentzündungsmittel sowie Sonnencreme.

So wenig Kleidung wie möglich mitnehmen! Unbedingt erforderlich sind aber: wind- und regenfeste Jacke, warmer Pullover, Strumpfhose (bzw. Skiunterwäsche), zwei Paar Hosen, Wanderschuhe und ein Paar leichte Halbschuhe, rutschfeste Bade- bzw. Duschsandalen.

Jugendherbergsschlafsack – kann nie schaden, z. B. in chinesischen Zügen und während längerer Mongolei-Rundreisen.

DIEBSTAHL

Besonders auf Bahnhöfen, in öffentlichen Verkehrsmitteln und auf Märkten muss man auf sein Hab und Gut achten (speziell in Ulan Bator gibt es viele Taschendiebe – auch Kinder und alte Frauen!). Tipp: Alle Gepäckstücke mit einem Band verbinden! Pass und Geld möglichst körpernah aufbewahren. Im Fall der Fälle den Verlust sofort der Polizei melden und eine Bestätigung verlangen, damit die Gepäckversicherung für den Schaden aufkommt.

ESSEN UND TRINKEN

Vom Verzehr ungeschälter Früchte, rohen Gemüses und dem Trinken von Leitungswasser ist in allen Transsib-Ländern dringend abzuraten!

In allen drei Ländern gibt es vielerorts Mineralwasser in Flaschen und in den Hotels abgekochtes Trinkwasser. Salate ausschließlich in 5-Sterne-Unterkünften internationaler Hotelketten essen, z.B. Hilton und Holiday Inn!

Speisewagen: Die wichtigen Expresszüge führen Speisewagen, nicht jedoch Züge auf kurzen Strecken wie z. B. Zug Nr. 263 bzw. 264 zwischen Irkutsk und Ulan Bator. Gut, dass man Proviant auf den Bahnsteigen und an der russischen Grenzstation an der russisch-mongolischen Grenze in Nauschki kaufen kann! Speisewagen werden an den Grenzstationen ausgetauscht, sodass man in Russland einen russischen, in der Mongolei einen mongolischen und in China einen chinesischen Speisewagen hat. Die Bezahlung erfolgt jeweils in der Landeswährung. Diese kann man an den Grenzen eintauschen. Es kommt allerdings vor, dass die Bank aus unerfindlichen Gründen geschlossen bleibt. In diesem Fall muss man versuchen, bei Mitreisenden ein wenig Geld zu wechseln.
Zum Grundangebot in russischen Speisewagen zählen neben warmen Gerichten (Suppen, Spiegeleier, Hähnchen, Fleischgerichte, Kartoffeln, Reis) kalte Vorspeisen (Wurst, Käse, Oliven), Getränke (Wodka, Bier, Fruchtsäfte, Erfrischungsgetränke und Mineralwasser sowie Kaffee und Tee), Süßigkeiten (Schokolade, Gebäck, Bonbons), frisches Obst und Brot. In mongolischen Speisewagen gibt es z. B. Fleischgerichte, Salate (besser die Finger davon lassen!) und Suppen. Chinesische Speisewagen sind besonders beliebt – das Angebot ist abwechslungsreich und schmeckt ausgesprochen gut. Jeder Waggon hat einen Boiler mit heißem, abgekochtem Trinkwasser, mit dem man z. B. Instant-Suppen, aber auch Kaffee, Tee etc. aufgießen kann.
Russlands Restaurant-, Bistro- und Kneipenangebot wächst täglich und bietet für jeden Geschmack und jedes Budget etwas Passendes. Die Verpflegung in den Transsib-Zügen ist jedoch nichts für Gourmets. Auf den meisten Bahnsteigen kann man sich zusätzlich versorgen und dabei die vielen Großmütterchen (Babuschkas) unterstützen, die vom Verkauf ihrer Piroggen (gefülltes Teiggebäck), Pelmeni (eine Art Ravioli), gekochten Kartoffeln und Obst leben. Vom Kauf frischer Milch und von Wodka auf Bahnsteigen sei abgeraten! Wodka sollte man aus Sicherheitsgründen ausschließlich in Hotels oder in Spirituosengeschäften kaufen!

In der Mongolei haben es Vegetarier schwer, da Fleisch (v. a. Hammel) Grundnahrungsmittel ist. In Ulan Bator findet man aber auch Pizzerien und kleinere Lokale mit internationaler Küche, z. B. ein indisches Restaurant (Nähe Sukhe Bator Platz) und ein amerikanisches Bistro (Nähe Kunstmuseum), die auch vegetarische Gerichte anbieten.

In China findet man Restaurants jeder Art und Größe auf Schritt und Tritt. Mit der eigenen Reisschale aus Plastik und den in den meisten Lokalen vorhandenen Einmalstäbchen kann man äußerst preiswert und hervorragend in den kleinen, von Einheimischen besuchten Lokalen speisen. Von Garküchen sei aus hygienischen Gründen unbedingt abgeraten. Man sollte stets nur Gekochtes bzw. Gebratenes bestellen, d. h. keine kalten Speisen.

FEIERTAGE

1. Jan. Russland, Mongolei und China: Neujahrstag
7. Jan. Russland: Russisch-orthodoxes Weihnachtsfest
13. Jan. Russland: Neues Jahr nach dem altrussischen Kalender
Zwischen Mitte Jan. und Mitte Feb. China: Frühlingsfest
23. Feb. Russland: Tag der Vaterlandsverteidiger
8. März Russland, Mongolei und China: Internationaler Frauentag

5. April China: Qingming Fest (Totengedenktag)
1. Mai Russland, Mongolei und China: Tag der Arbeit
4. Mai China: Tag der Jugend
9. Mai Russland: Tag des Sieges (Zweiter Weltkrieg)
12. Juni Russland: Unabhängigkeitstag
1. Juli China: Gründungstag der KPCh
11.–13. Juli Mongolei: Nationalfeiertag (Naadam Fest)
1. Aug. China: Tag der Volksarmee
1. Okt. China: Nationalfeiertag
7. Nov. Russland: Tag der Aussöhnung
12. Dez. Russland: Verfassungstag

FOTOGRAFIEREN

Ausreichend Filmmaterial mitnehmen (s. auch Fotozubehör unter ›Ausrüstung‹). Diafilme sind in allen Transsib-Ländern schwer erhältlich! Im Gegensatz zu früher ist heute während der Zugfahrt Fotografieren überall erlaubt. Manchen Reisenden gelingt es, den Lokführer zu überreden und eine Teilstrecke neben ihm stehend mitzufahren und zu fotografieren. Da in den russischen Zügen Klimaanlagen die Innentemperatur regeln, kann man die Fenster nicht öffnen. Fotofans sollten es am Ende des Speisewagens hinter der Küche versuchen, wo meistens eine Tür offen steht. In Museen, Ausstellungen und Kirchen ist Fotografieren entweder ganz verboten oder nur gegen eine Gebühr erlaubt, wobei Blitzlicht nicht immer zugelassen ist. Chinesen wehren oft vehement ab, wenn man sie fotografieren möchte, doch geschieht dies meistens aus Bescheidenheit – man hält sich nicht für fotowürdig. Mit Lächeln und Bitten kommt man zwar so gut wie immer zum gewünschten Foto, allerdings meistens zu einem recht gestellten.

GASTGESCHENKE

Beliebt beim Zugpersonal ist Bargeld. Gastfamilien in Russland freuen sich über ein Symbol der Zufriedenheit, z.B. über ein Souvenir aus der Heimatstadt des Reisenden, aber auch über löslichen Kaffee (den es zwar in Russland zu kaufen gibt, der aber erbärmlich schmeckt!) oder Tee in einer hübschen Dose (sehr beliebt ist Earl Grey). Bargeld zu schenken ist eher unpassend.

GELD

In allen Transsib-Ländern wird der Euro problemlos gewechselt, sodass die Mitnahme von US-Dollars nicht mehr notwendig ist (50 US-Dollar in bar können aber nie schaden). Kreditkarten werden bei überraschend vielen Gelegenheiten akzeptiert. Wenn alle Stricke reißen, mit der Karte Bargeld in einem Casino holen. Bankomaten gibt es in der Mongolei keine, in China funktionieren sie nur in den seltensten Fällen für ausländische Kreditkarten (Bargeld bei Vorlage der Kreditkarte bekommt man bei der Bank of China). In Russland sollte man aus Sicherheitsgründen Bankomaten meiden.

Bezahlung: Man bezahlt in Russland stets mit Rubel (1 Euro/US-Dollar entspricht rund 32 Rubel), in der Mongolei mit Tugrug (1 Euro/US-Dollar entspricht rund 1 100 Tugrug) und in China mit Yuan (1 Euro/US-Dollar entspricht rund 8 Yuan). Erstaunlich viele und immer mehr Hotels und Geschäfte in allen drei Ländern akzeptieren auch Kreditkarten wie Amex, Master und Visa.

Deviseneinfuhr: Die Einfuhr von Devisen nach Russland, in die Mongolei und nach China ist unbegrenzt. Bei der Einreise nach Russland unbedingt eine Zolldeklaration ausfüllen und abstempeln lassen, um bei der Ausreise Devisen auch wieder ausführen zu dürfen.

Geldwechsel: An zahllosen Wechselstuben an so gut wie jeder Straßenecke in allen russischen Städten und in Hotels werden Euros und Dollars (die Scheine müssen makellos sein!) gegen Vorlage des Reisepasses getauscht. Schweizer Franken kann man nicht überall wechseln, sodass sich die Mitnahme von Dollars empfiehlt. Reiseschecks werden in Hotels und in Banken akzeptiert.

Bargeldtransfer: Im Notfall kann man mit Hilfe des Western Union Systems innerhalb kürzester Zeit Geld bekommen: Man ruft eine vertraute Person in Deutschland an und bittet um Überweisung einer bestimmten Summe nach Russland, in die Mongolei oder nach China. Diese Person zahlt das Geld inklusive der Bearbeitungsgebühr bei einer Bank, die mit Western Union zusammenarbeitet, unter Angabe des Landes, in welches das Geld gehen soll, und des Empfängernamens ein und bekommt eine Einzahlungs- bzw. Quittungsnummer. Diese Nummer fragt man per Telefon ab, geht zu einer mit Western Union zusammenarbeitenden Bank, gibt diese Nummer an, außerdem die zu erwartende Geldsumme und die Stadt, in der das Geld eingezahlt wurde, zeigt seinen Pass vor – und bekommt das Geld in der Landeswährung.

GESUNDHEIT UND IMPFUNGEN

In allen Transsib-Ländern sind derzeit (Stand Ende 2002) keine Impfungen vorgeschrieben. Allerdings sollte jeder Reisende gegen Kinderlähmung, Tetanus, Typhus und Diphtherie geimpft sein. Für Sibirien ist eine Zeckenimpfung empfehlenswert, besonders für Reisende mit einem Stopp am Baikalsee oder auf dem Lande.

Reisemedizinische Informationen sind unter der Internetadresse www.crm.de erhältlich. Eine individuelle Reiseberatung (Reise-Gesundheitsbrief) ist gegen eine Gebühr möglich.

Wichtig ist die Mitnahme eines wirksamen Mückenmittels. Mit Erfolg wurde an den sibirischen Mücken das Mückenmittel Mosiguard erprobt. Dieses ist als Deo Spray, als Deo Stick und als Deo Roll-on in allen Apotheken erhältlich.

Vorsicht vor Wodka! Wodka nicht auf Bahnsteigen oder an Kiosken kaufen und auch besser keinen selbst Gebrannten von Fremden akzeptieren! Wodka immer in Geschäften oder im Speisewagen kaufen.

HOTELS UND PRIVATUNTERKÜNFTE

In allen Transsib-Ländern gibt es Hotels sämtlicher Kategorien und Preisklassen, doch sind die günstigen Zimmer rar. In Russland sind sie meistens von Einheimischen belegt, in der Mongolei bzw. in Ulan Bator gibt es während der Hauptreisesaison von Mitte Juni bis Mitte/Ende September Engpässe bei allen Hotelkategorien, und in China akzeptieren nicht alle Hotels Ausländer. Größere Hotels verfügen über: mindestens ein Restaurant und eine Bar, mindestens einen Shop oder Kiosk mit Zeitungen, Toilettenartikeln, Postkarten und Briefmarken, Souvenirs, Getränken und Snacks. Des Weiteren kann man telefonieren, allerdings im Falle von Auslandsgesprächen nicht immer vom Zimmer aus und bisweilen nur über eine Zentrale mit Vorbestellung. Falls es keinen Wäscheservice gibt, fragt man die Etagen- oder Zimmerfrau, die sich damit gern ein Zubrot verdient.

In allen Transsib-Ländern kann man in Hotels oder bei Gastfamilien (Bed & Breakfast) übernachten. Letzteres ist eine interessante Variante, da man einen Einblick in das tägliche Leben bekommt. Hinweis: In Moskau ist das Night-Life-Angebot mittlerweile so umfangreich, dass es sinnvoller ist, dort in

einem Hotel (oder einer günstigen jugendherbergsähnlichen Unterkunft) abzusteigen, um seine Gastfamilie nicht spät nachts zu wecken. Gastfamilien müssen vorher gebucht werden!

INFORMATIONSSTELLEN

Russland hat kein Fremdenverkehrsamt. Informationen entnimmt man dem Reiseführer. Außerdem informiert der Reiseveranstalter, bei dem man seine Reise bucht.

Die Volksrepublik China hat Fremdenverkehrsämter in Deutschland und in der Schweiz, die auch für Österreich zuständig sind. Anfragen per Post oder per E-Mail schicken, da es äußerst schwierig ist, telefonisch Kontakt aufzunehmen.

Fremdenverkehrsamt der
Volksrepublik China
Ilkenhansstr. 6
D-60433 Frankfurt
Fax: 069-52 84 90
info@fac.de
Internet: www.fac.de

Fremdenverkehrsamt der
Volksrepublik China
Genfer Str. 21
CH-8002 Zürich
Fax: +41-1-201 88 78

NACHTLEBEN

Sowohl in Russland als auch in der Mongolei und China findet man in allen größeren Städten Bars, Discos und Nachtclubs. Ganz besonders vielseitig ist das Angebot in Moskau und in Peking. In Russland und der Mongolei Vorsicht beim späten Heimweg!

ÖFFNUNGSZEITEN

Banken: Mo–Fr 10–17 Uhr
Behörden: Mo–Fr 10–12 Uhr und 14–18 Uhr.
Geschäfte: Mo–Fr 9–14 Uhr und 15–19 Uhr, Sa bis 18/19 Uhr, So geschlossen.
Lebensmittelgeschäfte: Mo–Sa 9–13/14 Uhr und 14/15–20/21 Uhr. So 8/9–13/14Uhr und 14/15–18/19 Uhr.
Märkte: täglich 9–19 Uhr

POST

Der Postweg von Moskau, Peking und Shanghai nach Westeuropa dauert drei bis fünf Tage, von Sibirien, aus der Mongolei und aus anderen Städten Chinas muss man mit zwei bis drei Wochen rechnen. Ansichtskarten und Briefmarken werden in den meisten größeren Hotels am Zeitungskiosk und in Souvenirläden sowie in den Postämtern verkauft.

REISEROUTEN-PLANUNGSHILFE

Die interessantesten Städte entlang der Strecke Moskau–Irkutsk–Wladiwostok sind: Moskau (2–3 Tage), Jaroslawl an der Wolga (1–2 Tage), Tomsk (2 Tage), Irkutsk (1–2 Tage) mit dem Baikalsee (2–5 Tage) und Chabarowsk (1 Tag). In Wladiwostok gibt es nicht besonders viel zu sehen (1 Tag). Weniger zu bieten haben Jekaterinburg (1 Tag), Nowosibirsk (1 Tag), Krasnojarsk (1–2 Tage) und Ulan Ude (1–2 Tage). Wer genug Zeit hat, kann St. Petersburg (3–4 Tage) einbeziehen. Keinen Stopp lohnen u. a. Omsk und Tschita.

Transmongolische Route Moskau–Ulan Bator–Peking: Dieses ist die schönste und sowohl kulturell als auch landschaftlich abwechslungsreichste Strecke. Man plane nach Möglichkeit einen längeren Aufenthalt in der faszinierenden und noch relativ unentdeckten Mongolei ein. Von Ulan Bator (1 Tag) aus kann man einen Ausflug nach Terelj machen (1–2 Tage) oder mehrtägige Exkursionen z. B. in die Wüste Gobi (5–6 Tage) oder in die Zentralmongolei kombiniert mit der Gobi (10–12 Tage).

Transmandschurische Route Moskau–Mandschurei – Peking: Diese Route ist landschaftlich weniger interessant und dauert einen Tag länger. Die Mandschurei ist ein Teil Chinas.

Klassische Route Moskau–Wladiwostok: Diese Route ist landschaftlich ebenfalls sehr schön und mit China kombinierbar. Zweimal wöchentlich fährt ein Bummelzug von Wladiwostok nach Harbin, wo man nach Peking umsteigen muss.

REISEVERANSTALTER

Reisen mit Spartickets der Deutschen Bahn sind leider eher Theorie, da man so gut wie nie die gewünschten innerrussischen Zugreservierungen bekommt! Allenfalls bei einer Reise ohne Unterbrechungen kann es mit der Reservierung klappen.

Reisen auf eigene Faust ist im Prinzip möglich, in der Praxis aber kaum durchführbar, da es Engpässe bei Zugfahrkarten gibt und Hotels ein großes Problem darstellen: Die wenigen günstigen Hotels sind meistens ausgebucht, die meisten anderen Hotels sind teuer, und Gastfamilien muss man über einen Reiseveranstalter im Voraus buchen.

Individuelle Einzelreisen, ganz nach Wunsch zugeschnitten, und besondere Gruppenreisen mit maximal zehn Reisenden, bietet z. B.:
Knop-Reisen GmbH,
Bremen, Tel. 0421-988 50 30
knop-reisen@t-online.de

Klassische Gruppenreisen werden u. a. von DER, Olympia Reisen und Lernidee Reisen angeboten, deren Kataloge man in Reisebüros bekommt.

REISEZEIT

Die beste Reisezeit ist von Mitte April bis Mitte Mai sowie von Mitte August bis Ende September. In dieser Zeit ist das Klima in allen Transsib-Ländern angenehm. Heiß wird es in der Hauptreisezeit von Ende Juni bis Mitte August. Die günstigsten Temperaturen herrschen in der Mongolei von Juli bis Ende August und in China von Anfang April bis Mitte Mai sowie von Anfang/Mitte September bis Ende Oktober/Mitte November. Wunderschön ist auch der Winter von Mitte/Ende November bis Mitte/Ende Februar, vorausgesetzt man hat warme Kleidung dabei. Abzuraten ist vom März, wenn alles matschig und grau aussieht.

SANITÄRE ANLAGEN

Die Zugtoiletten an beiden Enden jedes Waggons sind je nach Zugpersonal mal sauberer, mal weniger. Öffentliche Toiletten sind in allen Transsib-Ländern (mit der Ausnahme von Chinas WC- Häuschen innerhalb touristischer Anlagen) eine Katastrophe und nur mit Vorsicht zu benutzen. Die beste Alternative sind Toiletten in Hotellobbys.

SICHERHEIT

Reisen in Russland, in der Mongolei und in China ist so sicher bzw. unsicher wie in Europa. Man sollte keine inoffiziellen Taxis benutzen und keine Einladungen in Privatwohnungen annehmen.

STROMSPANNUNG

In Russland, der Mongolei und in China findet man 220 Volt. Ein Adapter-Set ermöglicht den Zugang zu Steckdosen aller Art.

wobei in den größeren Städten und in den Zügen die dünnen Eurostecker meistens passen.

TELEFONIEREN

Nach Russland: 007
Moskau: 007-095 (mit der 0)
St. Petersburg: 007-812
Irkutsk: 007-3952

Aus Russland nach:
Deutschland: 8 (Ton abwarten) -10-49-Stadtvorwahl ohne 0-Rufnummer
Österreich: 8-10-43-Rufnummer
Schweiz: 8-10-41-Rufnummer
Per Handy entfällt die 0.

In die Mongolei: 00976
Ulan Bator: 00976-11-Rufnummer

Aus der Mongolei nach:
Deutschland: 00149-Vorwahl ohne 0-Rufnummer
Schweiz: 00141-Vorwahl ohne 0-Rufnummer
Österreich: 00143-Vorwahl ohne 0-Rufnummer
Gespräche kosten knapp 1 Euro pro Minute.

Nach China: 0086
Peking: 0086-10
Shanghai: 0086-21

Aus China vom Hotel aus:
Für ein Auslandsgespräch (»long distance call» bzw. »international call«, im Gegensatz zu Ortsgespräch »local call«) wählt man je nach Hotel entweder eine 9 oder eine 0 vor.
Deutschland: 9 oder 0-0049-Vorwahl ohne 0-Rufnummer
Österreich: 9 oder 0-0043-Vorwahl ohne 0-Rufnummer
Schweiz: 9 oder 0-0041-Vorwahl ohne 0-Rufnummer

TAXIS UND TRANSPORTMITTEL

In allen Transsib-Ländern gibt es sowohl Taxis (nur offizielle Taxis benutzen!) als auch öffentliche Transportmittel. Vorsicht vor Taschendieben in der Metro und in überfüllten Bussen!

TIPPS, TRICKS UND EMPFEHLUNGEN

Beim Einsteigen in einen Zug sofort prüfen, ob die Abteilfenster gut sind, d. h. nicht beschlagen, nicht verkratzt und nicht kaputt. Im Zweifelsfall sofort um ein anderes Abteil mit guter Aussicht bitten.

Wer im oberen Bett eines Vierbettabteils schläft, kann bei der Schaffnerin nach einem Sicherheitsgurt fragen (»Remen Besopasnosti«). Wenn der Zug stark bremsen muss, kann man sonst herausfallen.

Man denke immer daran, dass 20 Minuten vor einem Bahnhof, während des Aufenthalts und 20 Minuten nach der Abfahrt die Zugtoiletten geschlossen sind!

Man kann während der Fahrt von einem Vierbettabteil in ein Zweibettabteil umziehen, wenn es Platz gibt (und man genügend Rubel hat).

Auf Bahnsteigen stets mit Pass und Geld aussteigen – falls einem der Zug davonfährt. Man sollte sich auf keinen Fall vom Zug in Richtung Bahnhofsgebäude und Hauptbahnsteig entfernen, wenn der Zug nicht auf dem ersten Gleis einfährt. Wenn ein anderer Zug einfährt bzw. durchfährt, ist der Weg versperrt und man verpasst seinen Zug.

Für das Einkaufen auf Bahnsteigen möglichst viel Kleingeld und Plastiktüten bereithalten.

Wen vor der Abteiltür das oft grelle Licht auf dem Zuggang stört, dreht einfach an der Birne. Nicht vergessen, die Birne später wieder fest zu drehen!

Wer stets Kaffeepulver bzw. Teebeutel dabei hat, kann in jedem Restaurant und Hotel nach kochend heißem Wasser (russisch: »Kipätock« und chinesisch: »Kai Schwäi«) fragen. Der russische Kaffee ist oft recht dünn, sodass ein wenig Kaffeepulver hilft.

Vorsicht im Winter in den Übergängen zwischen den Waggons: Rutschgefahr!

Man traue in allen Transsib-Ländern keinem Zebrastreifen – Autos nehmen keine Rücksicht auf Fußgänger! Auch bei Ampeln aufpassen!

Vorsicht im Winter vor riesigen Eiszapfen, die an allen Gebäuden direkt über den Gehwegen hängen!

Im fahrenden Zug erscheinen bisweilen taubstumme Zeitungs- und Bücherverkäufer. Sie kommen meistens ganz plötzlich, legen einen Stapel Bücher und Zeitungen ins Abteil und verschwinden anschließend. Nach einer Weile kommen sie zurück, um Geld oder nicht gewünschtes Lesematerial wieder einzusammeln. Die Preise sind deutlich vermerkt. Vorsicht, dass beim Einsammeln nichts mitgeht!

Gruppenreisende sollten vor Erreichen eines Ziels Waschutensilien und frische Wäsche bereithalten, da das Gepäck separat zum Hotel gefahren wird und mitunter länger auf

sich warten lässt. Zu dumm, wenn man mit dem heiß ersehnten Duschen warten muss!

TRINKGELD

In allen Ländern, die die Transsib durchquert, ist Trinkgeld beliebt und erlaubt, auch in China, wo die Bedienung in einfachen Lokalen kein Trinkgeld kennt und es zunächst ablehnt. Letzteres entspricht der chinesischen Tradition bei der Entgegennahme von Geschenken: Zweimal vehement ablehnen und beim dritten Mal gern akzeptieren!

VISA

Visa sind der schwierigste Teil der Reisevorbereitungen! Man überlasse daher diesen Teil am besten einem Profi, auch wenn es nicht billig ist. Für die Einholung der Visa muss man mindestens(!) acht Wochen rechnen.

Alle Transsib-Länder sind visumspflichtig: Weißrussland, Russland, die Mongolei und China. Hinweis: Die Mandschurei ist ein Teil Chinas und kein eigenständiges Land, sodass kein extra Visum erforderlich ist.

Visadaten
Russland erteilt Visa mit festen Daten. Um das Ein- und Ausreisedatum bei Einreise und Ausreise per Zug berechnen zu können, folgende Hinweise: Reist man per Zug über Weißrussland ein, ist der Ankunftstag in Moskau auch der Tag der Einreise nach Russland. Dies gilt bei Ankunft in Moskau ab etwa 9 Uhr morgens. Der Ausreisetag in die Mongolei ist im Falle von Zug Nr. 264 der Tag nach der Abfahrt in Irkutsk und im Falle des Zuges über die Mandschurei der Mittwoch.

China bearbeitet die in der Regel für 30 Tage ausgestellten Visa frühestens 50 Tage vor der geplanten Einreise, wobei die Einreise innerhalb von drei Monaten erfolgen kann. Man könnte theoretisch am letzten Gültigkeitstag einreisen und 30 Tage in China bleiben. Visa sind im Normalfall um weitere 30 Tage verlängerbar.

Mongolei-Visa können normalerweise zu jedem Zeitpunkt erteilt werden und berechtigen zu einer Einreise innerhalb von drei Monaten für eine Dauer von maximal 30 Tagen.

Visatypen
Für Touristen gibt es entweder Touristenvisa oder Transitvisa (nicht verlängerbar!). Letztere werden in der Regel erst dann erteilt, wenn das Visum des Ziellandes bereits im Pass ist. Mit dem Zug nach oder von Moskau Reisende benötigen ein Transitvisum für Weißrussland, welches erst erteilt wird, wenn das russische Visum bereits vorhanden ist – dies gilt auch für Fahrten von Moskau in Richtung Westen!

Für Russland brauchen die meisten Transsib-Reisenden ein zwei bis drei Wochen gültiges Touristenvisum. Für einen längeren Aufenthalt oder für die zweimalige Einreise benötigt man ein Geschäftsvisum. Ein Transitvisum wird unter Vorlage der Flugbuchung und der Kopie einer Bahnfahrtkarte erteilt.

Antragsunterlagen: Pro Land ein ausgefülltes Visumsantragsformular (bekommt man vom Reiseunternehmen oder aus dem Internet), ein Passfoto und die Konsulargebühr, die sich nach der Wartezeit richtet: Je schneller man seinen Pass zurückhaben möchte, desto teurer wird es. Die aktuellen Gebührenlisten vorher im Internet oder beim Reiseveranstalter erfragen. Einen frankierten Einschreiben-Rückumschlag beilegen.

Russland: Antragsteller müssen eine offizielle Einladung aus Russland vorlegen (gebührenpflichtig, bei Reiseveranstaltern erhältlich). Deutsche und Österreicher (Schweizer nicht) müssen zusätzlich einen Krankenversicherungsnachweis (Kopie der Police genügt) einreichen. Nicht alle Versicherungsfirmen haben mit Russland einen Vertrag – die Liste der akzeptierten Versicherungen hängt in den Konsularstellen aus.

China: Die chinesischen Konsulate akzeptieren keine Anträge per Post – man muss die Unterlagen persönlich abgeben. Reicht man einen Einschreiben-Umschlag mit ein, wird der Pass per Post zurückgeschickt. Schweizer müssen bei den Chinesen und Mongolen die Buchungsbestätigung eines Reiseunternehmens vorlegen.

Visaverlängerung: Eine Visaverlängerung ist in Russland so gut wie unmöglich. In der Mongolei kann man Visa nur in Ulan Bator verlängern lassen. Das Außenministerium braucht mindestens zwei Tage.

ZEITVERSCHIEBUNG

Frankfurt – Peking: + 6 (Sommer)
und + 7 (Winter)
Frankfurt – Ulan Bator: + 6
Frankfurt – Moskau: + 2
Moskau – Jaroslawl: 0
– Jekaterinburg: + 2
– Omsk: + 3
– Nowosibirsk: + 3
– Tomsk: + 4
– Krasnojarsk: + 4
– Taischet: + 5
– Irkutsk: + 5
– Ulan Ude: + 5
– Chabarowsk: + 7
– Wladiwostok: + 7